Para Lili,
minha irmã.

Arquitetura e urbanismo: um percurso coletivo

Nadia Somekh

RG **Romano Guerra** Editora / São Paulo, 2025

Apresentação

Este é um livro-manifesto que procura sensibilizar a sociedade sobre a necessidade de ampliarmos o protagonismo do nosso ofício de arquitetos(as) e urbanistas para o bem das cidades, do Brasil e do planeta. Longe de ser corporativista, essa visão se baseia no conhecimento dos processos de urbanização não só de São Paulo, mas brasileiro, possivelmente generalizável para o planeta.

As recentes Conferências Globais – COPs – apontam a necessidade de uma governança global com foco no combate às mudanças climáticas. No Brasil, pesquisa do Conselho de Arquitetura e Urbanismo do Brasil – CAU BR aponta que 82% das edificações são feitas sem arquitetos(as) nem engenheiros(as). Mulheres arquitetas e urbanistas são maioria e têm baixa representatividade nos nossos conselhos e institutos. Novas vozes dos arquitetos(as) estão surgindo e essa diversidade ainda não se constituiu.

A nossa formação, ainda generalista, propõe visões desfragmentadas, na contramão do que estamos assistindo. Nós sabemos produzir edifícios que constroem cidades mais sustentáveis e menos desiguais. Nós sabemos promover a saúde das moradias e, portanto, das populações residentes, nós sabemos produzir espaços públicos democráticos e acessíveis e ainda preservar a memória da sociedade para construção de um futuro sustentável. Não reivindicamos a Arquitetura heroica dos anos 1950 que produziu modernidade. A contemporaneidade exige novas posturas e a Arquitetura se torna necessária.

Este livro-percurso se compõe de duas partes. Na primeira parte, descrevo uma trajetória em três campos de atuação distintos, apontando sempre a necessidade do trabalho coletivo. Por sugestão de Afrânio Garcia, que recentemente nos deixou, faço o relato de um percurso profissional diversificado: vida acadêmica, gestão urbana e representação em entidades de classe – no Instituto de Arquitetos do Brasil – IAB e na União Internacional de Arquitetos – UIA. Dessa demanda, surgiu o ensaio "30 anos de Urbanismo: teoria e ação", publicado na seção *Arquitextos*, do portal Vitruvius.

O papel do Estado nas transformações urbanas constituiu a base presente no pós-doutorado, em 2011, na *École des Hautes Études en Sciences Sociales* – Ehess, com banca dos professores Cristina Leme e Alain Lipietz, e a participação no debate de Luiz Carlos Bresser-Pereira, por acaso em visita em Paris.

Se o Estado representa as classes dominantes, como querem os colegas da escola de sociologia francesa, Edmond Preteceille nos ensinou que compromissos fora dos interesses estritamente capitalistas podem ser conseguidos com pressão e mobilização social.

De lá pra cá, com a direção do Departamento do Patrimônio Histórico – DPH e do Conselho Municipal de Preservação do Patrimônio Histórico, Cultural e Ambiental da Cidade de São Paulo – Conpresp, fomos a Londres para responder às questões do Patrimônio Histórico, seu financiamento e gestão integrada com o desenvolvimento da cidade. Adianto que não existe conexão nem lá nem cá!

Quatro anos de grupo de pesquisa sobre o Bexiga renderam a organização do livro em parceria de José Geraldo Simões Júnior, "Bexiga em três tempos", em 2022.

Além disso, passei seis anos como representante de São Paulo no CAU BR, sendo três deles como presidente. Confesso que, nesses seis anos, aprendi *muito*, mais do que nas pesquisas anteriores.

A segunda parte do livro-manifesto constitui-se dos artigos que escrevi com a colaboração de Julio Moreno e Leonardo Echeverria, e em co-autoria com os parceiros(as) Maria Elisa Batista, Candido Malta Campos e Renato Balbim, todos publicados no período em que assumi a presidência do CAU BR.

Esses artigos refletem nosso legado. Nos primeiros três anos, criamos a Comissão de Equidade de Gênero por sugestão da nossa assessora Ana Laterza. Não foi fácil aprovar essa estrutura no Conselho, majoritariamente masculino, mas conseguimos. Evoluímos muito a partir daí, principalmente a partir do Diagnóstico de Equidade de Gênero. Ainda na primeira gestão, organizamos o seminário "Gestão Inovadora de Bairros Históricos", com pesquisadores internacionais que possibilitaram novas ações: Assistência Técnica em Habitação de Interesse Social – Athis de Patrimônio, articulação de entidades em defesa do patrimônio e debate de legislações integradoras.

Tornar o CAU BR menos cartorial e mais voltado para os reais problemas dos(as) arquitetos(as) e urbanistas do Brasil fez com que, a partir do modelo liderado por Daniela Sarmento no CAU SC, propuséssemos uma chapa feminina composta por 156 mulheres. As reuniões durante a pandemia, todos os sábados, produziram um programa considerável, que nos levou à vitória, com 12 mil votos, e à presidência do CAU BR. Conseguimos ampliar a melhoria das moradias, com investimentos de 23 milhões de reais em editais de Athis por todo o Brasil. Embora novas gestões possam dar continuidade, falta uma política nacional.

Lançamos também, a partir da transformação da Comissão de Equidade de Gênero, a Comissão de Políticas Afirmativas, iniciativa que vem ecoando na Secretaria Nacional de Periferias – SNP do Ministério das Cidades. Importante destacar outras iniciativas como o Projeto Amazônia e a manifestação pública sobre impactos da mineração da Braskem em Maceió.

Este livro-manifesto mostra muito do que aprendemos coletivamente numa trajetória, principalmente com minhas jovens colegas arquitetas e urbanistas, a quem agradeço o importante aprendizado.

Precisamos de mais políticas públicas que melhorem as 26,5 milhões de moradias precárias existentes no Brasil, muitas delas sem banheiro. Como nos mostrou o CAU RS com o programa exemplar criado durante a pandemia, Nenhuma Casa Sem Banheiro, cuja urgência só foi percebida agora pelo governo federal.

Continuo aprendendo com meu grupo de pesquisa, com orientandos(as) e alunos(as). Posso dizer que esse diálogo permanente representa parte da minha alegria de viver, junto com meus queridos amigos e amigas e todos os meus *queridíssimos* familiares e sobrinhos.

TRANSFORMAÇÕES URBANAS: PRESERVAÇÃO E DESTRUIÇÃO

José Horácio de Almeida Nascimento Costa,
Nadia Somekh Martins Ferreira e
Sarah Feldman Russo

NOTA INTRODUTORIA

Escrevemos este trabalho a partir de uma experiência que desenvolvemos, técnicos da COGEP (Coordenadoria Geral de Planejamento de São Paulo) e do Departamento do Patrimônio Histórico da Secretaria da Cultura do Município de São Paulo. Foi elaborado um projeto para a área leste da cidade, que constou de um levantamento dos bens arquitetonicamente significativos e sua posterior catalogação por tipologias diferentes.

Esta área começa já a sofrer alterações advindas da implantação da linha leste do metrô.

Se por um lado este tipo de trabalho — anterior à implantação de uma obra infra-estrutural que, forçosamente, alterará tanto a paisagem como as relações indivíduo-ambiente, ocasionando, devido ao sistema de mercado, expulsão e substituição de classes na área — apresenta um dado positivo, que é segurar e, em algum nível, controlar as modificações do repertório mais significativo, por outro lado o método empregado, de valorização do papel do planejador trabalhando separadamente da população interessada, não só é discutível como representa as contradições da vida política da sociedade.

Como instrumento legal, foi usada a Lei do Zoneamento, tipo Z8-200, ou seja, aquela que prevê áreas de interesse histórico, artístico e paisagístico, como especiais na cidade, lei que difere da sistemática de tombamento, tanto por ser de atribuição municipal quanto por não contar com a tradição, enquanto instrumento legal, que acompanha o sistema de tombamento.

Vale dizer que neste projeto escapou-se da visão do edifício isolado, adotando-se, sempre que necessário, a conceituação de manchas urbanas, ou conjuntos morfológico-históricos de qualidade especial.

OS AUTORES

José Horácio de Almeida Nascimento Costa, Nadia Somekh Martins Ferreira e Sarah Feldman Russo são arquitetos. Esse trabalho foi apresentado por eles na 30ª Reunião Anual da Sociedade Brasileira para o Progresso da Ciência (SBPC), realizada em São Paulo, em julho de 1978.

Tememos por transform[illegible] não o resultado espa[illegible] advindo seja de uma d[illegible] vestimento do poder pú[illegible] iniciativa privada, depe[illegible] nível de impacto, entre[illegible] sas, do montante de capita[illegible] gado na sua implantação. [illegible] investido é sempre norte[illegible] uma intenção de proveito [illegible] que interfere na configu[illegible] ção urbana. Para entend[illegible] e o conteúdo das difere[illegible] ções provocadas por [illegible] mentos devemos compr[illegible] do em vista o pressupo[illegible] o teor e as implicações [illegible] de interferência.

Fator básico é o da lo[illegible] capital, ou seja, a presença do investimento em determinados pontos da cidade, do que decorre a localização e mesmo a fruição do espaço urbano pelas classes que compõem a estrutura social. Esta geografia reflete o capital em sua instância primeira, a de sua formação, e da história.

A configuração da cidade é resultante ainda da cultura e do modo de apropriação do espaço num determinado momento no processo civilizatório. Caso contrário, todas as cidades oriundas de certa constelação sócio-econômica seriam idênticas.

A lógica da transformação é a destruição. O habitante e sua cultura são também subprodutos deste espaço autofágico. Em nome do "progresso", sem sua participação na decisão do investimento, a produção do espaço implica no comprometimento da identidade deste habitante, alijado de sua cidade, exilado em seu percurso cotidiano. Resta-lhe então o consumo alienado de "novidades" empacotadas, que vêm substituir áreas que, na maioria das vezes, se encontram plenamente vitais.

O planejamento, expressão do Estado a serviço da maximização do lucro, ratifica esta realidade uma vez que, na forma como o conhecemos — autoritário e onipotente — colabora com a manutenção do processo de destruição. Em contraposição a este quadro de destruição programada, a preservação do meio ambiente — seja ela arquitetônica ou

preservação — seja ela … espaços arquitetônicos … urais, seja de documen… e iconográfica — im… ssibilidade de retenção … coletiva, por exemplo a … cidade. Tendo por par… emória da cidade é tam… gum nível, a memória …, a preservação de es… os implica na valoriza… tificação de um reper… ória individual, no cole… ão quer dizer que a me… a seja simples somató… rias individuais)

… o cidadão é função do … ermanência acumulado … urbano. Exemplo claro … antes chegados a São … cio do século. Num pri… ento, sua identificação … e era mínima, agora so… ecções de futuro. Após … de permanência, con… etória passa a **significar** … ma e elementos de elei… e/ou simbólicos passam … ados. Sendo a cidade … nta da acumulação de … a manutenção de ele-

… coletivos vincula… dade urbana era … tes de mais nada … O espaço urbano … te pressuposto é … si, através do … presença tanto … do futuro, obede… lógico de qualq… eles a urbe. O … dessa maneira possível de represen-tar-se como processo, igual a si mesmo, pode ser chamado de "lugar" (*) e o papel da preservação no planejamento é o de assegurar e distribuir "lugares" pelo tecido urbano como um todo. Com esse fim, pensamos tanto na preservação de espaços urbanos restritos a determinados monumentos patrimoniais (identificados e reconhecidos tradicionalmente como tais) e seu entorno, quanto naquela atinente a áreas mais extensas do tecido urbano (ou seja, a **conjuntos morfológicos** cuja unidade se constata no todo).

A eleição do repertório do preservável depara-se com um problema teórico ideológico, qual seja o de se fazê-la pautada por critérios de representatividade ou seletividade, tendo tradicionalmente os órgãos de preservação patrimonial adotado a

segunda postura. Do nosso ponto de vista, a seletividade — eleição de monumentos segundo padrões pré-estabelecidos que representam uma história ligada a fatos memoráveis e …

… que terminam por traduzir basicamente a ideologia do poder.

No campo da atuação do profissional dentro de organismos públicos vinculados ao planejamento urbano dois aspectos são fundamentais para a sua caracterização.

De um lado, a estrutura atomizada dos diversos setores e departamentos, ocasionando atuações independentes e muitas vezes contraditórias. E, por outro, a convergência dos interesses político-ideológicos do aparelho do Estado a interesses financeiros de sociedades imobiliárias representadas por setores da classe dominante. Esses fatores são complementares e decisivos não só para a eficácia de implantação de uma

… Milton — Notas de aula … 76

(*) — Lynch, Kevin — De qué tiempo es este lugar? — Gustavo Gili, Barcelona, 1975

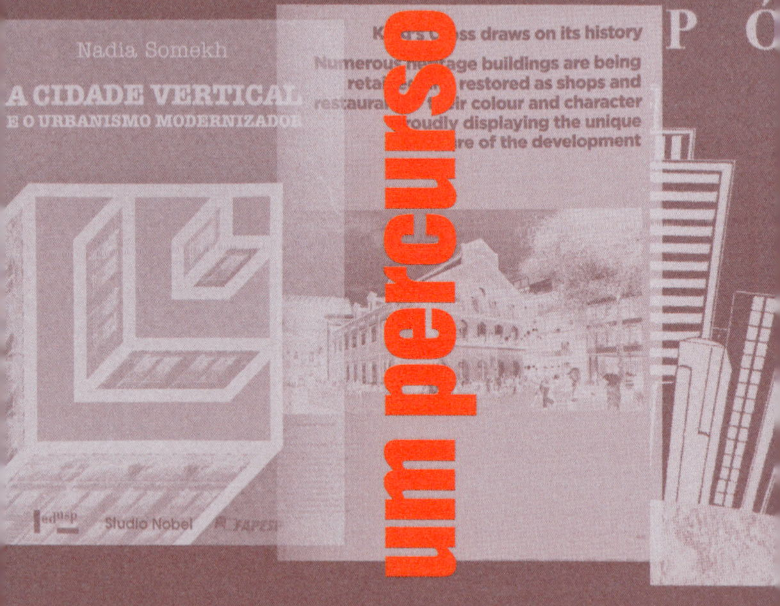
Nadia Somekh
A CIDADE VERTICAL
E O URBANISMO MODERNIZADOR
Studio Nobel
draws on its history
restored as shops and
ir colour and character
oudly displaying the unique
re of the development
P Ó

um percurso

coletivo
Um Século
Paris
Rive
Gauche
editora scipione

Caminhos
para o centro
Estratégias de desenvolvimento
para a região central de São Paulo
urbanismo é política
A C
PLANOS URB
Nadia
Os novos princípios do urbanismo
RG

DE QUE NÃO PODE PARAR

TICOS DE SÃO PAULO NO SÉCULO XX

n e Candido Malta Campos (organizadores)

pública

Editora Mackenzie

Mack Pesquisa

RAM 207
revista
do arquivo
municipal
bexiga

Nadia Somekh
PRESERVANDO O PATRIMÔNIO HISTÓRICO
A CIDADE VERTICAL E O URBANISMO MODERNIZADOR
Nadia Somekh
RG Romano Guerra

CAU Brasil
MARCAS
DA GESTÃ
CAU BRAS
www.caubr.gov.br
CAU

2021 2023

Parte 1

EQUIDADE DE GÊNERO E RAÇA

9.P[illegible]LÍTICAS AFIRMATIVAS DE[illegible]ADE DE GÊNERO E RAÇA

Inclusão objetiva diminuir as desigualdades na profissão

[illegible]arta [illegible]stão do Conselho de Arquitetura e Urbanismo do Brasil (2021-2023) [illegible] do desenvolvimento e potencialização da participação de arquitetas [illegible] país que, atualmente, representam 64% dos(das) profissionais da área. E, ainda, da promoção da igualdade de gênero em todas as instâncias e sua relação com a sociedade.

Para Nadia Somekh, primeira mulher a ocupar a presidência do CAU Brasil, é um esforço de acolhimento das necessidades dos(das) profissionais de Arquitetura e Urbanismo com o objetivo de diminuir desigualdades e de inclusão.

Camila Leal, conselheira federal e coordenadora da Comissão Temporária de Políticas Afirmativas (CTPAF/CAU Brasil), celebra a gestão com os resultados propostos e alcançados como, por exemplo, a elaboração participativa com diversos CAU/UF, da instituição da Comissão Especial de Políticas Afirmativas que amplia a discussão sobre o tema dentro do Conselho de Arquitetura e Urbanismo permitindo ser um marco histórico. Além disso, as recomendações de alteração dos dados no cadastro do SICCAU, aprimorando os campos referentes de raça, gênero, sexualidade e

Mais de quatro décadas de arquitetura e urbanismo:

um percurso coletivo

Esta primeira parte do livro apresenta um percurso profissional de mais de cinco décadas voltado para o urbanismo em São Paulo. A grande preocupação reside no enquadramento teórico das intervenções de urbanismo. Existem 26,5 milhões de moradias precárias no Brasil, 4,4 milhões de pessoas sem banheiro. Essa não seria a prioridade para uma política pública nacional? A versão atual do programa Minha Casa Minha Vida (2023) incorporou alguma alternativa para moradias precárias e adequação de edifícios em áreas centrais para abrigar habitações sociais. Mas a predominância é de construções novas, ou seja, novas oportunidades para o setor da construção. A legislação urbanística historicamente favorece o setor imobiliário. Denominamos esse fenômeno de "urbanismo corporativo", em contraposição ao urbanismo social que deveria ser prioridade de São Paulo e do Brasil. Uma outra questão para a qual praticamente ainda não temos uma teoria abrangente é a preservação do patrimônio cultural. Na sociedade do desperdício, a memória é apagada para dar lugar à produção imobiliária. Um quadro teórico, também incipiente, busca explicar a verticalização e sua relação com a formulação de planos e normativas urbanísticas. A construção social de projetos urbanos registra alguns avanços quando passa a incluir ações de gestão compartilhada. Fica a questão: como construir intervenções urbanas que consigam reduzir as persistentes desigualdades sociais com a crescente financeirização do capitalismo neoliberal autoritário? Como contrapor o urbanismo corporativo ao urbanismo cooperativo? Existem saídas possíveis dentro do quadro político que se vislumbra para as próximas gestões municipais, tanto no Poder Executivo como no Legislativo? Essas são perguntas que ainda pairam no ar – e para as quais buscamos, há cinco décadas, construir respostas vinculando teoria e ação. Através da experiência do projeto para o CAU BR buscamos uma possível saída.

Introdução

Posso afirmar que, nos últimos 50 anos, vesti três "chapéus" diferentes. O primeiro deles na gestão pública municipal e estadual, como presidente do Conselho Municipal de Preservação do Patrimônio Histórico, Cultural e Ambiental da Cidade de São Paulo – Conpresp, da Empresa Municipal de Urbanização – Emurb, diretora do Departamento do Patrimônio Histórico da Prefeitura de São Paulo – DPH-SP e secretária de Desenvolvimento Econômico da Prefeitura de Santo André.

Depois, como pesquisadora e dirigente acadêmica, notadamente na Faculdade de Arquitetura e Urbanismo – FAU Mackenzie, onde fui diretora e coordenei a estruturação do programa de pós-graduação.

Meu último chapéu representa minha trajetória voltada à valorização profissional de arquitetos(as) e urbanistas. Representei nossa categoria e nosso campo de conhecimento no Instituto de Arquitetos do Brasil – IAB, na União Internacional de Arquitetos – UIA, e no Conselho de Arquitetura e Urbanismo do Brasil – CAU BR. Embora o texto esteja, na maioria das vezes, na primeira pessoa do singular, sempre produzi dentro de um coletivo.

O objetivo principal desta memória é traçar meu percurso profissional nessas três áreas de atuação, distintas e complementares, e verificar possíveis relações teóricas que permitam reposicionar e ressignificar o debate acadêmico, bem como referenciar possíveis ações de urbanismo por parte do poder público, tendo como objeto a metrópole paulista, onde moro e trabalho há mais de cinco décadas.

Existem hoje, no Brasil, 26,5 milhões de moradias inadequadas no Brasil.[1] No meu mandato como presidente do CAU BR (2021-2023), tratei desse tema com o governo federal e com o Congresso Nacional. Neste momento, minha principal linha de pesquisa tem como objeto a busca de soluções cooperativas para a adequação digna dessas moradias e a formulação de uma política pública nacional de habitação, articulada com o combate às mudanças climáticas. Sem sustentabilidade, não poderemos reduzir desigualdades.[2]

Desde os anos 1970, me dediquei à pesquisa sobre as questões de verticalização na cidade de São Paulo. Constatei que, desde 1957, a verticalização da capital excluiu os mais pobres, elitizando os bairros através da regulação urbanística para edifícios de apartamento.[3] Nos anos 1990, fiz uma imersão na experiência do Consórcio Intermunicipal Grande ABC e ampliei minhas pesquisas para a questão de projetos urbanos, pois entendo que, em São Paulo, ainda não existe um modelo adequado que permita a redução das desigualdades socioeconômicas.

Mesmo partindo de uma perspectiva decolonial, as conclusões dessa pesquisa apontam que a experiência europeia, mais do que a americana ou asiática, esclarece e se adequa melhor à realidade brasileira, por incorporar instrumentos e medidas de inclusão social e partir de uma coordenação pública – sem se sujeitar exclusivamente por interesses privados.

Sempre quis acreditar que a crítica acadêmica aos grandes projetos urbanos é importante, mas imobilizante e insatisfatória. Harvey[4] nos explica que o capitalismo (re)produz a pobreza, com intervenções urbanas que são historicamente estabilizadoras da acumulação de capital, com as grandes transformações haussmanianas para Paris; o rodoviarismo de Robert Moses para Nova York; e o boom imobiliário na China e nos Emirados Árabes Unidos.

Ainda assim, gostaria de crer que, mesmo dentro do capitalismo, é possível melhorar a vida da maioria da população com investimentos urbanos redistributivos. Essa crença, carregada sem grandes ilusões, norteou meu percurso profissional e acadê-

2 DEDECCA, C. S.; TROVÃO, C. J. B. M. São Paulo metrópole: sustentabilidade com redução das desigualdades, um processo unitário.

3 SOMEKH, Nadia. A (des)verticalização de São Paulo. Dissertação de mestrado. FAU USP, 1987.

mico, pautado sobre temas recorrentes como: planos diretores, verticalização, desenvolvimento local e projetos urbanos.

O tema da verticalização está intrinsecamente vinculado à destruição da memória da cidade. O patrimônio histórico é um tema que desenvolvo desde minha época de estágio e segue presente em todas as minhas áreas de atuação. Na direção do DPH-SP e na presidência do Conpresp, implementamos, em 2015, a icônica Jornada do Patrimônio, hoje em sua décima edição. Em 2008, no IAB, fundamos o grupo IAB Patrimônio.

Lições aprendidas no Conselho de Arquitetura e Urbanismo do Brasil (CAU BR)

No meu mandato como presidente do CAU BR, foram construídos diversos marcos significativos para a política profissional. Um exemplo foi a criação da Comissão de Equidade de Gênero, em 2019, que produziu um diagnóstico detalhado sobre a (in)equidade de gênero na arquitetura brasileira, impulsionando a formação de diversas comissões estaduais voltadas para ações afirmativas. Mesmo diante da resistência de alguns conselheiros, que não viam o combate ao racismo e ao machismo como uma questão prioritária, o avanço dessas iniciativas vem ampliando o espaço para esse debate tão urgente e necessário.

Como consequência natural de minha atuação como pesquisadora e gestora pública, outro tema central no CAU BR foi a busca de soluções para as 26,5 milhões de moradias inadequadas no Brasil. Em um texto que escrevi, junto com o pesquisador Renato Balbim, do Instituto de Pesquisa Econômica Aplicada – Ipea no final de 2023, abordamos a contraposição entre Urbanismo Corporativo e Urbanismo Social:

O urbanismo corporativo pode ser entendido no sentido de distanciamento da produção das cidades do interesse público e coletivo, um urbanismo que privilegia grupos sociais específicos, prática hegemônica nas grandes cidades brasileiras.[5] Milton Santos, em sua obra balizar – Metrópole Corporativa e Fragmentada: o caso de São Paulo,[6] aprofunda esse entendimento ao analisar o caso da maior e mais dinâmica cidade dos então países do terceiro mundo.

A partir desta obra e de outras que se seguem sobre a urbanização brasileira[7] podemos sugerir que uma urbanização corporativa se dá no contexto de modernidade incompleta dos países do Sul. Nesses locais, o fato urbano, as cidades, revelam extremas disparidades, justapõem traços de opulência e sinais de absoluto desfalecimento.

A dinâmica urbana é organizada dialeticamente pela verticalização e pela expansão contínua das periferias horizontais, os investimentos respondem à racionalidade da acumulação, concentrando funções urbanas em áreas que respondem exclusivamente à produtividade das atividades modernas econômicas.[8] Os investimentos se organizam para criar as condições de fluidez necessária para que essa modernidade, incompleta e seletiva, se instale.[9]

Em contraposição a esse modelo excludente, defendemos no artigo a implementação efetiva de uma Política Nacional de Assistência Técnica, a partir da Lei de Assistência Técnica em Habitação de Interesse Social – Athis (Lei nº 11.888/2008). Proposta pelos ex-deputados federais (e arquitetos e urbanistas de formação) Clóvis Ilgenfritz e Zezéu Ribeiro, essa lei

5 FERNANDES, Ana. Decifra-me ou te devoro: urbanismo corporativo, cidade-fragmento e dilemas da prática do urbanismo no Brasil.
6 SANTOS, Milton. *Metrópole corporativa fragmentada: o caso de São Paulo.*
7 SANTOS, Milton. *A urbanização brasileira*; SANTOS, Milton (Org.). *Técnica espaço tempo: globalização e meio técnico-científico informacional.*
8 SANTOS, Milton. *Metrópole corporativa fragmentada* (op. cit.); FERNANDES, Ana. Op. cit.

garante à população de baixa renda o direito à promoção de melhorias habitacionais por arquitetos(as) e urbanistas e engenheiros. Desde 2015, o CAU BR destina pelo menos 2% de seu orçamento para essa finalidade, totalizando até 2023 mais de 230 milhões de reais investidos. Contudo, esse valor ainda é insuficiente. Uma política habitacional abrangente – como um programa específico para resolver o déficit de 1,3 milhão de residências sem banheiro, impactando cerca de 4,4 milhões de habitantes – deveria ser prioridade para qualquer governo comprometido com a saúde pública.

Outro conceito importante que desenvolvemos em nosso grupo de pesquisa, e que foi publicado no dossiê da Revista Estudos Avançados, da Universidade de São Paulo – USP, trata do urbanismo cooperativo. Essa abordagem promove uma gestão responsável das cidades, fundamentada em princípios de participação social, compartilhamento e sustentabilidade como meios essenciais para reduzir desigualdades sociais.

Planejamento urbano e patrimônio histórico

Em minha trajetória de aproximação entre planejamento urbano e preservação do patrimônio histórico, destaco três trabalhos principais. O primeiro, aprovado pelo Conselho de Defesa do Patrimônio Histórico, Arqueológico, Artístico e Turístico – Condephaat em 1976, tratou da regulamentação de uma área específica de preservação.

Depois, escrevi, junto com meus colegas Sarah Feldman e Horácio Costa, um texto reflexivo sobre nossa prática. Com essa questão em mente ("para que e para quem interessa a preservação do patrimônio histórico?"), apresentamos esse trabalho na reunião da Sociedade Brasileira para o Progresso da Ciência – SBPC em São Paulo, em meio ao clima tenso da pré-abertura política de 1978. O texto, intitulado

"Transformações urbanas: preservação ou destruição", também foi publicado na revista *CJ Arquitetura*, em uma edição especial sobre patrimônio histórico, editada pelo jornalista Júlio Moreno, especialista em urbanismo.

Meu interesse pelo patrimônio histórico se aprofundou durante o curso de especialização Patrimônio Ambiental Urbano na FAU USP, onde tive o privilégio de aprender com professores como Ulpiano Bezerra de Meneses e Milton Santos, recém-chegado do exílio afro-europeu. Esse curso ampliou minha reflexão sobre o conflito entre preservação e desenvolvimento, estendendo-o para as questões ambientais.

Por que é tão difícil preservar o ambiente e desenvolver as cidades? Por que a sociedade urbano-industrial negligenciou a dilapidação dos recursos naturais? Essa consciência só começou a ganhar força na sociedade após a Conferência de Estocolmo em 1972, com o conceito de desenvolvimento sustentável, consolidado no Relatório Brundtland, de 1987, e depois reforçado pela II Conferência das Nações Unidas sobre o Meio Ambiente e o Desenvolvimento – Rio-92. Um exemplo prático foi a definição do conceito de preservação do ambiente urbano, aplicado nas Áreas de Proteção do Patrimônio – APP na Baixada do Glicério e no Pátio do Colégio, realizadas pela Coordenadoria Geral de Planejamento – Cogep. Porém, essa definição não foi regulamentada em lei.

Mais um ponto fundamental em minha formação foi a participação em um grupo de pesquisa na Cogep, posteriormente transformada em Secretaria Municipal de Planejamento – Sempla, sob a coordenação de Gabriel Bolaffi. Nosso estudo sobre a evolução dos preços fundiários em São Paulo contou com a consultoria de Warren Dean e experiências do Arquivo Histórico de São Paulo, o que despertou meu interesse pela reconstrução documental de histórias urbanas.

Por pesquisas amostrais, a equipe levantou as ofertas de preços de terrenos de 1900 até 1980. A indexação desses dados revelou uma tendência crescente de valorização, cujas oscilações foram explicadas por fatores conjunturais. Embora a pesquisa não tenha sido publicada, gerou importantes trabalhos acadêmicos.

O relacionamento com Gabriel Bolaffi me incentivou a pesquisar sobre a verticalização de São Paulo, que viria a ser parte de um trabalho maior. Além disso, inspirou o objeto da pesquisa acadêmica iniciada (em 1978) no curso de mestrado Estruturas Ambientais Urbanas na FAU USP. A pergunta inicial que deveria ser respondida pela pesquisa era a seguinte: "Uma área urbana é cara, ou melhor, adquire um preço mais alto pela sua ocupação intensiva, ou a possibilidade do uso intensivo já confere a possibilidade de se auferir preços fundiários mais altos?".

Essa questão é recorrente entre os urbanistas europeus e americanos desde o começo do século 20. Primeiro no Congresso Internacional de Urbanismo em Londres (1910), depois no Congresso de Urbanismo de Ghent, em 1913, na Bélgica, e no Plano Regional de Nova York de 1916.

Ser orientanda de Gabriel Bolaffi, na primeira fase da pesquisa, me permitiu não só abraçar um tema que me acompanha até hoje em minhas preocupações acadêmicas, como também participar de um grupo de leitura com pesquisadores que continuam tendo grande interlocução no meu trabalho: Nabil Bonduki e Raquel Rolnik. Ambos tinham, na época, estudos complementares ao meu: a relação Estado/urbano, legislação e ilegalidades, crescimento horizontal e periférico da cidade, com grande interlocução com Lúcio Kowarick.

Os estudos da verticalização e os planos de São Paulo

O tema da pesquisa da verticalização foi sugerido por Gabriel Bolaffi no âmbito da Pesquisa de Evolução do Preço da Terra em São Paulo. Até hoje, ele faz parte das minhas preocupações, pois é uma característica essencial das cidades brasileiras. Depois desenvolvi mestrado e doutorado na condução acolhedora de Maria Adélia Aparecida de Souza.

Naquele primeiro momento, me interessava verificar a relação entre a valorização fundiária e o crescimento vertical, uma questão antiga para os urbanistas. Mais adiante, fui buscar onde e quando aconteceu a verticalização em São Paulo. A explicação definitiva do processo, explorada no meu mestrado e doutorado sobre o tema, ainda está por ser revelada. Continuo perseguindo a mesma questão: "Por que ocorre a verticalização em São Paulo, no Brasil e com as formas que assumiu e vem assumindo?".

Encontrei partes da resposta no entendimento da produção social do espaço urbano, no papel do Estado como agente produtor e, principalmente, na evolução e estruturação do setor imobiliário paulista, nacional, e agora internacional.

Os primeiros arranha-céus da cidade, construídos com o objetivo de gerar renda de aluguéis, dão lugar aos condomínios fechados e aos edifícios inteligentes do setor terciário, que se constituem como avançados produtos de um novo rentismo internacional.

Quanto à indagação *para onde e quando ocorreu a verticalização em São Paulo?*, a resposta veio com a "descoberta" do registro de elevadores que a prefeitura mantém desde os anos 1930, com a lista de todos os edifícios da cidade, manuscrita por ordem de licenciamento até 1939 e sem distinção de ano e, após essa data, discriminada anualmente.

Esses dados me permitiram elaborar um gráfico inédito do crescimento vertical da cidade de 1940 até 1980, ano de início da pesquisa. A descoberta dessa fonte, essencial para a pesquisa, aconteceu depois da construção conceitual de verticalização, entendida como a possibilidade de multiplicação do solo urbano permitida pelo elevador.

A construção de um quadro conceitual teórico, que levou anos para ser elaborado, permitiu a aproximação adequada com o material empírico. A Escola de Sociologia Urbana francesa foi essencial para a formulação da teoria. Uma vez que não existe, de forma constituída, uma teoria do urbanismo, somos obrigados a emprestar conceitos da economia, da sociologia, da geografia e até da filosofia para compor um instrumental que permita aproximações e mediações para alcançar nosso objeto real.

No caso da verticalização, fui buscar no livro *O capital e seu espaço*, de Alain Lipietz (1977), o entendimento de que o quadro construído segue uma periodização análoga ao desenvolvimento do capital. Em *O tributo fundiário urbano* (1974) – livro que traduzi e não publiquei, do mesmo autor –, encontrei o debate sobre a formação dos preços da terra urbana. Da mesma forma, *Os promotores imobiliários*, de Christian Topalov (1974), e *A questão urbana*, de Manuel Castells (1972), me permitiram avançar sobre a produção do espaço urbano e o processo de planejamento, ainda que com limitações.

Lojkine (1979), com *Estado capitalista e a questão urbana*, me instigou a entender com mais profundidade o papel e o conceito de Estado, essencial para a produção de edifícios. O que é o Estado na cidade (e no mundo capitalista)?

David Harvey (2009), no seu livro *Cosmopolitanism and the Geographies of Freedom*, afirma que o Estado é uma ficção, mas naquela época me contentei com a definição marxista: o Estado representa as classes dominantes e articula seus diversos segmentos (capital industrial, financeiro, comercial etc.) e produz as condições gerais para a reprodução do próprio capital.

O Estado, através de sua ação tributária, estabelece normas, leis e planos (ação normativa). Por meio da sua ação de gestão, ele investe na produção da cidade (ação de investimento). No caso da cidade capitalista, o que se percebe é que a ação tributária, geral para toda a sociedade, produz benefícios para poucos. Isto é: todos nós pagamos impostos. Porém, os planos e leis são elaborados no sentido de (re)produzir as condições gerais para o desenvolvimento do capital, para o benefício de poucos.

Essa questão foi enfrentada na formulação do Plano Diretor de São Paulo de 1991, cujo princípio básico era a redução de desigualdades sociais, através da redistribuição de renda proporcionada pelos investimentos públicos. Historicamente, esses investimentos beneficiaram, na cidade de São Paulo, a população de mais alta renda.

As diferenças entre economistas neoclássicos e marxistas a respeito da formação do preço da terra urbana me ajudaram a entender o fenômeno da verticalização. Para os marxistas, a demanda capitalista por terra é que determina a valorização fundiária. Por outro lado, o aumento da população e a produtividade da terra (coeficientes de aproveitamento) podem incrementar os preços dos terrenos.

Entender a organização e o papel na cidade da indústria da construção civil também é essencial para explicar a verticalização e a forma que ela assume nas diversas cidades brasileiras e no mundo.

A especificidade da indústria da construção civil e os obstáculos ao seu desenvolvimento foram apontados por Lojkine (1979). A necessidade constante de base fundiária para a reprodução da indústria da construção civil é um desses limites. Constatei, assim, um paradoxo em São Paulo: a partir do conceito de verticalização, entendido como a multiplicação do solo urbano possibilitada pelo elevador, nos perguntamos por que a legislação paulistana reduziu, ao longo do século 20, os coeficientes de aproveitamento, ou seja, a possibilidade de superar um dos limites do desenvolvimento da indústria da construção civil ao multiplicar a base fundiária urbana.

Por causa disso, chamei a minha dissertação de mestrado de "A (Des)Verticalização de São Paulo".[10]

A explicação para esse paradoxo reside no papel da propriedade da terra na economia brasileira. A redução dos coeficientes favorece menos o capital produtivo e mais os proprietários fundiários urbanos, bem como expande a demanda por terra apropriada para edifícios (como mostram os mapas da pesquisa), elevando assim os preços do solo urbano de São Paulo.

Destaque-se que a história de São Paulo coincide com a desistência da construção do metrô e a expansão da indústria automobilística. Dessa forma, o padrão de verticalização da cidade se ampliou e se elitizou, através da legislação urbanística, ampliando também a demanda por automóveis. São Paulo é vertical, mas não é densa. O motivo é que o sistema viário e de transporte não permite o adensamento.

Minha dissertação de mestrado apresenta o panorama do crescimento vertical e uma periodização do fenômeno. Esse panorama, o paradoxo da pesquisa inicial e o processo de elaboração do Plano Diretor de 1991 definiram o conteúdo da minha pesquisa de doutorado: as origens do pensamento urbanístico da cidade de São Paulo e a própria origem do crescimento vertical.

Durante a elaboração do Plano Diretor de 1991, constatei as limitações da legislação de zoneamento de São Paulo na regulação da cidade: 65% da população vivia (e vive) em condições irregulares: cortiços, favelas e loteamentos clandestinos. O zoneamento atende somente ao mercado formal. Chamou-me a atenção, nos debates que antecederam o Plano, a defesa do zoneamento por parte dos técnicos e do próprio setor imobiliário.

Naquela época, propúnhamos eliminar as diferenças de equidade que o zoneamento estabelece e transferir para a municipalidade a outorga do direito de construir acima do coeficiente de aproveitamento

10 SOMEKH, Nadia. *A (des)verticalização de São Paulo*. Op.cit.

igual a um. O segmento de proprietários de terras cujo coeficiente era de quatro vezes a área do terreno não quis perder seus privilégios adquiridos desde 1972, quando foi promulgada a 1ª lei de zoneamento (assim denominada) da cidade de São Paulo.

Buscamos uma negociação com o coeficiente dois e a venda do direito de construir acima dessa base. Houve um rompimento com o setor imobiliário, até então um dos interlocutores mais presentes, na véspera da entrega do Plano Diretor à Câmara Municipal. Pelo que soubemos, houve divergências internas no próprio Sindicato das Empresas Imobiliárias (Secovi), pois o capital produtivo também é proprietário de terras.

Posteriormente, houve um "mesão" de negociação com diversos segmentos e ONGs. Os ambientalistas também estavam descontentes, embora o plano fosse preocupado com a questão ambiental e principalmente social. A outorga onerosa da venda do direito de construir iria para um fundo voltado para investimentos nas Zonas Especiais de Interesse Social – Zeis, para melhorar as condições urbanas e habitacionais da população de mais baixa renda da cidade.

Mesmo que esse projeto não tenha sido aprovado naquela época, o Plano Diretor Estratégico – PDE de 2004 traz muitos elementos contidos no Plano de 1991, e que também foram incorporados ao Estatuto das Cidades (Lei nº 10.257/2001), que regula o desenvolvimento urbano.

Desse processo, decorrem algumas questões, como a longa duração do processo de legitimação de instrumentos de urbanismo, e a necessidade de um processo de interlocução amplo e diverso para a construção de um ideário urbanístico. Naquela ocasião, apresentamos o Plano Diretor não só em São Paulo, mas também em muitas cidades do Brasil, o que permitiu uma construção coletiva de ideias. Mais uma vez, meus companheiros de academia, Raquel Rolnik (coordenadora do Plano Diretor) e Nabil Bonduki (superintendente de Habitação Popular), formularam junto com a então secretária de Habitação, Ermínia Maricato, as bases essenciais do Plano. Paul Singer, secretário de Planejamento, se empolgou com a possibilidade de propor mediações em relação a sua obra seminal sobre desenvolvimento econômico e evolução urbana.

Com os pesquisadores Christian Topalov, da *École des Hautes Études en Sciences Sociales* (Ehess) de Paris; e de Luiz César de Queiroz Ribeiro, do Instituto de Pesquisa e Planejamento Urbano e Regional (Ippur) do Rio de Janeiro, cheguei ao debate sobre as origens do urbanismo moderno. Na pesquisa de doutorado, verifiquei que o urbanismo de São Paulo poderia ser considerado modernizado e não moderno. Para Topalov (1992), o urbanismo moderno tem como objeto a cidade, o plano como instrumento principal e a questão social como discurso central. O urbanismo moderno propõe a transformação da sociedade e a redução de desigualdades como medida da própria reprodução capitalista. O urbanismo modernizador tem o capital e a sua reprodução como questão central.

É o que encontramos em São Paulo nos discursos de Vitor da Silva Freire (1910). Ou na redução dos pés direitos das residências e dos apartamentos como medida de aumento de produtividade, como encontramos em Anhaia Melo e sua "Cidade como Negócio". Ou ainda em Prestes Maia, com gabaritos propostos para São Paulo de 50 metros ou mais, estimulando o crescimento vertical e o "rendimento urbano".

A verticalização é um tema que não me abandona até hoje. Entre os anos 2007 e 2009, participei da construção de uma rede de pesquisadores que estuda a verticalização nas cidades brasileiras nas suas mais variadas formas. Hoje, vários estudantes de pós-graduação estudam os condomínios fechados, os edifícios inteligentes do setor terciário avançado e as diversas formas que o capital transnacional assume, homogeneizando as nossas cidades.

Em São Paulo, a qualidade dos apartamentos e dos edifícios nos primeiros períodos do crescimento vertical e sua relação generosa com o espaço público da cidade vem se perdendo. A chamada "necessidade de segurança" vem fechando os espaços verticais para a própria cidade. Muros e grades internalizam e fecham a vida dos moradores, tornando os edifícios homogêneos e similares aos novos condomínios fechados, cerceando também as perspectivas dos espaços públicos.

A parceria com Manoel Lemes deu novo impulso à pesquisa de verticalização, com a criação do website do Grupo de Estudos do Desenvolvimento com Urbanidade: Verticalização e Adensamento – Gedesurb. Após seminários e participação no Encontro Nacional da Associação Nacional de Pós-Graduação e Pesquisa em Planejamento Urbano e Regional – Enanpur e no Encontro Nacional da Associação Nacional de Pós-Graduação e Pesquisa em Planejamento Urbano e Regional – Anparq, a pandemia arrefeceu nosso desenvolvimento. Hoje, os novos empreendimentos do urbanismo corporativo elitizaram-se mais ainda, abrindo um ciclo de "sobreverticalização".

O Plano Diretor de 1991, promulgado na gestão da prefeita Luiza Erundina (1989-1992), foi extenso e intensamente discutido. Ele lançou sementes que resultaram na construção de importantes ideias, incorporadas posteriormente no PDE de 2004. Para mim, o grande aprendizado foi perceber como é difícil (mas não impossível) a mediação/interlocução com setores antagônicos (setor imobiliário, ecologistas e movimentos populares) na construção de um ideário comum.

Zoneamento e governança ambiental

Em 1996, assumi a Secretaria de Planejamento e Meio Ambiente de São José dos Campos com a tarefa de elaborar a lei de uso e ocupação do solo referente ao

Plano Diretor aprovado no ano anterior, ao final da gestão da prefeita Ângela Guadagnin (1993-1996).

Em síntese, os conflitos foram os mesmos observados durante a elaboração do Plano Diretor de 1991 na capital. As elites e os empresários buscavam preservar áreas residenciais de alto padrão e, no caso de São José dos Campos, reforçar muros de loteamentos fechados.

A busca de maiores densidades em áreas centrais e em áreas de proteção ambiental colocou movimentos populares e ecologistas disputando espaços na cidade. São José tem uma especificidade geográfica, denominada "área do banhado em depressão": no centro da cidade, fica a várzea do Rio Paraíba, que constitui uma paisagem especial. O conflito até hoje é a preservação dessa paisagem que, naquela época, já estava ameaçada de ser invadida por prédios altos.

Os debates na cidade sobre zoneamento me permitiram organizar, em parceria com o *Lincoln Institute of Land Policy*, coordenado por Martim Smolka, o seminário "Políticas Públicas para o Manejo do Uso do Solo", que se transformou numa publicação do Instituto Polis, até hoje muito demandada pelo seu interesse e atualidade. Merece destaque a presença de Franco Mancuso e de Mark Gottdiener no referido seminário, ambos referências constantes dos meus trabalhos acadêmicos e no meu doutorado. O primeiro, da Escola de Veneza, ao escrever *As experiências do zoning* (1980), explica historicamente a construção desse instrumento que surgiu para separar usos na Alemanha Bismarckiana, mais precisamente em Frankfurt em 1875. Separar o uso residencial do industrial e regular densidades era essencial nas primeiras cidades industriais, cuja concentração demográfica carregava o risco de doenças e de convulsões sociais.

Mancuso descreve muito bem como o zoneamento foi também utilizado para excluir a população indesejável dos bairros elitistas, baseados nas lavanderias dos chineses em São Francisco no final do século 19. Seus exemplos iluminam e explicam a idealização dos governantes nas cidades brasileiras, em especial em São Paulo, com os bairros-jardim zoneados já em 1931 por Anhaia Mello; e com o Art. 40 do Código de Obras de 1934, que definia ruas residenciais bem antes da lei de zoneamento de 1972.

O sociólogo americano Mark Gottdiener (1993), com seu livro *A produção social do espaço urbano*, também é lembrado até hoje por apontar a importância dos planejadores frente às forças de mercado, tentando mudar seu percurso, comparando-os a domadores de elefantes. Trata-se de uma imagem que remete aos limites da nossa profissão frente ao desenvolvimento das cidades.

O quanto podemos intervir nas cidades de forma mais justa sem parar o desenvolvimento do capital? O quanto podemos garantir boas condições de vida para a população como um todo? Já vimos como o zoneamento protege o espaço das elites urbanas, não só teoricamente com Mancuso, mas nas experiências de São José dos Campos e São Paulo. Como garantir um espaço nas cidades para a população de baixa renda, que é excluída das áreas mais valorizadas e adequadas à urbanização?

A reforma urbana dos anos 1960 (protagonizada originalmente pelo IAB) e a Constituição de 1988 resultaram no Estatuto da Cidade, aprovado no Congresso Nacional em 2001. Após 40 anos de luta, a Lei nº 10.257/2001 definiu instrumentos que limitam o direito de propriedade, mas ainda não são aplicados em sua plenitude nas cidades. Mesmo sendo uma lei federal, sua implementação em cada cidade ainda demanda a construção de uma legitimidade aprovada pelas forças locais.

A valorização fundiária constante e crescente nas grandes cidades "empurra" os mais pobres para as áreas de risco, inundáveis, proibidas pela legislação de serem ocupadas. Ou ainda para loteamentos periféricos, distantes das áreas de emprego, sem equipamentos e infraestrutura adequada. A Constituição Federal de 1988, no seu Art. 182, prevê sanções às áreas vazias ou subutilizadas nas cidades, com o objetivo de pressionar os proprietários a colocá-las no mercado. Esses instrumentos existem para garantir que a terra urbana cumpra sua função social, possibilitando, por meio do aumento de oferta, a redução da valorização fundiária urbana. Ratificados pelo Estatuto da Cidade, esses instrumentos devem ser regulamentados pela legislação municipal, mas esse processo encontra reações à sua implementação a nível local. É um exemplo da tese de Gottdiener sobre o alcance do trabalho do planejador urbano.

Na minha experiência em São José dos Campos, no entanto, constatei que é possível superar esses limites, trabalhando tecnicamente com as equipes das prefeituras, capacitando-as para a discussão com a sociedade civil sobre elaboração da Lei de Zoneamento e da revisão da Planta Genérica de Valores – PGV. A interlocução e negociação com a sociedade civil são elementos de legitimação de políticas públicas. Essa possibilidade se ampliou na experiência do Consórcio do Grande ABC.

A gestão compartilhada e a questão metropolitana

Quando fui convidada para assessorar a prefeitura de Santo André em assuntos regionais, durante a gestão Celso Daniel (1997-2002), pude conhecer de perto o Consórcio do Grande ABC e a Câmara Regional recém-criada. Minha primeira atividade foi participar de um seminário de experiências internacionais de “redesenvolvimento” regional de antigas áreas industriais esvaziadas ou dramaticamente afetadas pela reestruturação produtiva: Detroit, Bilbao, Barcelona, Galícia, Ruhr, Randstad, Milão.

Aprendemos que a saída para a crise requer esforço institucional que articula poder público, sociedade civil e iniciativa privada no centro desse novo desenvolvimento: a questão urbana. Projetos urbanos redesenham o futuro com a construção coletiva de novas atividades. Também percebi que nem tudo é globalização e é possível construir muitas coisas a nível local, seja subnacional, regional ou municipal. Em 1997, um representante da Comissão Econômica para a América Latina e o Caribe (Cepal) apontou que 20% do PIB mundial é produzido globalmente; portanto, 80% à época (talvez 70% hoje), é produzido localmente – uma cifra nada desprezível.

Pude aprender ainda sobre a importância dos sindicatos de trabalhadores na construção de políticas públicas. No caso de Sesto San Giovanni, cidade irmã de Santo André, situada na região metropolitana de Milão, os sindicatos tiveram um papel central na transformação das indústrias em micro e pequenas empresas que não só deram oportunidade de trabalho aos egressos industriais como ocuparam os galpões tombados com outras atividades, que as anteriormente propostas: shopping centers e centros culturais. Os sindicatos de trabalhadores, a prefeitura e os empresários conseguiram, dentro de uma construção coletiva de um projeto urbano, a reocupação da cidade: 70% da área de siderurgia foi esvaziada e reocupada com atividades voltadas às micro e pequenas empresas.

Outras experiências apresentadas no seminário – a do Vale do Ruhr, da Galícia e de Roterdã – atribuíram aos arquitetos o redesenho da transição da sociedade urbana industrial para uma outra, voltada à questão ambiental e ao conhecimento. A transformação das cidades esvaziadas em novas articulações produtivas também ficou clara com as experiências do Vale do Silício e da Terceira Itália. Um denominador comum em todas essas cidades foi a ativação do capital social.[11]

Foi isso que buscamos implementar no Grande ABC. A organização social da região ajudava. Em 1994, quando o Consórcio criado por Celso Daniel em 1990 dava sinais de retrocesso, em razão de sua não reeleição, foi lançada a campanha "vote no Grande ABC" para eleger deputados da região e buscar implementar bandeiras históricas, como a universidade pública (obtida em 2004 com a criação da Universidade Federal do ABC) e grandes investimentos em infraestrutura, drenagem e sustentabilidade.

Essa campanha se consolidou, em 1995, com o Fórum do Grande ABC, associação de ONGs que reunia 115 entidades representativas da sociedade civil. A Câmara do Grande ABC articulava de forma informal as sete prefeituras, a sociedade civil organizada e o governo do estado. Posteriormente, com a eleição de Lula para presidente, o governo federal passou a integrar a Câmara e contribuir na ação regional compartilhada.

O Banco Interamericano de Desenvolvimento – BID ajudou com recursos para consultorias. O Banco Mundial, o BNDES e a Caixa Econômica também foram mobilizados e continuaram os investimentos na região conquistados através da sua mobilização social. Em um dos debates da Câmara do Grande ABC, realizado em Ribeirão Pires, tive a oportunidade de conduzir o geógrafo espanhol Jordi Borja, que encantou os participantes com suas ideias e sua trajetória.

O prefeito Celso Daniel, com ajuda de Raquel Rolnik e sob a coordenação de Maurício Faria, produziu o projeto urbano Eixo Tamanduatehy, que, embora localizado em Santo André, retomou o debate metropolitano até então perdido. Mesmo com resultados tímidos, o projeto se tornou paradigmático e buscou, através de uma consulta a escritórios de arquitetura nacionais e internacionais, construir uma visão de futuro para uma área industrial esvaziada e ocupada por empreendimentos pontuais e por moradias precárias. Profissionais como Juan Busquets, Christian de Portzamparc, Eduardo Leira e Candido Malta Campos Filho lideraram equipes que incluíam outros nomes como Nuno Portas, Manuel Herce, Jorge Wilheim, Bruno Padovano, Luiz Bonfim, e muitos outros.

A importância dessa iniciativa foi mobilizar a sociedade local e expandir o debate sobre projetos urbanos metropolitanos no circuito técnico. É importante ressaltar que o jornal *Diário do Grande ABC* teve um papel de apoio midiático e difusão de ideias na construção das políticas regionais, destacando-se a participação de Alexandre Polesi. Ele se envolveu diretamente no projeto Eixo Tamanduatehy, propondo inclusive um box informativo (espécie de escritório local de informações) implantado na própria área, para explicar à população as transformações propostas. A visualização das propostas também foi facilitada pela construção de uma grande maquete, nos moldes da Miniworld Rotterdam, permitindo aos cidadãos entender os projetos e sua forma urbana concreta.

O Eixo Tamanduatehy e a trajetória de Jordi Borja no Brasil, principalmente no Rio, ensejaram debates e estudos que resultaram em uma visão crítica sobre o planejamento estratégico contemporâneo e os projetos urbanos. Neste âmbito, Otília Arantes, Carlos Vainer e Ermínia Maricato (2000), produziram o livro *A cidade do pensamento único*, muito útil pela análise crítica, mas que não aponta saídas para o urbanismo contemporâneo. Um debate entre Celso Daniel e Carlos Vainer no Instituto Municipal de Ensino de São Caetano do Sul – IMES, hoje Universidade Cruzeiro do Sul, em dezembro de 2001, foi muito importante para que eu percebesse que, apesar de concordar com parte da visão crítica a respeito da competição entre cidades, é possível construir uma visão de urbanismo progressista, com justiça social.

Meu debate com Otília Arantes, quando estava estruturando o programa de pós-graduação da Universidade Presbiteriana Mackenzie, e quem gostaria de contratar na ocasião, ressaltou minhas diferenças com a visão dos três autores do livro. Eu acredito que, através de políticas urbanas, podemos reduzir desigualdades, melhorar a vida da população e criar cidades mais belas. Essa crença já estava presente no meu doutorado em 1994 e estendeu-se por toda a minha vida acadêmica. Hoje tenho dúvidas.

A relação com a universidade também esteve presente na Ação Regional do Grande ABC. Merece destaque a pesquisa inovadora que estruturamos com o antigo IMES, sobre serviços e sua classificação – absolutamente necessária para entender as transformações produtivas contemporâneas. Essa classificação fazia parte das minhas preocupações em 2001, quando assumi a Secretaria de Desenvolvimento Econômico e Trabalho (e não Emprego, como na denominação anterior) da prefeitura de Santo André.

Projetos urbanos, sustentabilidade e inclusão social

Minha preocupação com a transformação de áreas em reestruturação produtiva, que surgiu com o Eixo Tamanduatehy, em 1998, permanece até hoje. Desenvolveu-se ainda mais no âmbito da Empresa Municipal de Urbanização de São Paulo – Emurb quando fui chamada pela prefeita Marta Suplicy para coordenar o Programa de Reabilitação da Área Central e depois presidir a própria Emurb, entre 2002 e 2004.

Nesse período, produzi, junto com meus companheiros de urbanismo na Faculdade de Arquitetura e Urbanismo da Universidade Presbiteriana Mackenzie – FAU Mackenzie, o livro *A cidade que não pode parar: planos urbanísticos de São Paulo no século 20*. Candido Malta Campos Neto me ajudou a organizar e implementar a ideia que Silvana Zioni e eu tivemos em Buenos Aires, quando vimos o livro

Mi Buenos Aires herido,[12] sobre os planos da cidade. As viagens são sempre fontes de circulação de ideias. Denise Antonucci, Luiz Ackel e nossos estudantes de graduação e pós-graduação participaram da elaboração do livro.

Nele, mostramos que os planos e projetos urbanos que existiram até então são complementares e não antagônicos. Foram implementados concomitantemente na cidade de São Paulo, sempre ao sabor dos interesses capitalistas hegemônicos na cidade. Isso contradiz alguns autores que consideram os planos apenas como discursos. Eles também servem de referência para a metrópole improvisada ou, como queria Lúcio Kowarick (1975), dentro da "lógica da desordem".

Minha relação com o BID, durante a estruturação do financiamento de US$ 100 milhões para o centro de São Paulo, me permitiu avançar no conhecimento de projetos urbanos no mundo. Paris tornou-se foco das minhas pesquisas, para além das *villes nouvelles* e dos projetos de Milão, Bilbao, Londres e Barcelona, as *Zones d'Aménagement Concerté* – ZAC, zonas de planejamento negociado da Citröen, da Renault e da Paris Rive Gauche são exemplares, mas pouco se assemelham à realidade de São Paulo, que não tem ainda projetos urbanos. A Nova Luz poderá se tornar referência para os 25% de área urbanizada, dentro das Operações Urbanas Consorciadas, que foi proposta pela Prefeitura de São Paulo para receber projetos urbanos.

Após a Emurb, em que ficou clara a intervenção limitada por interesses econômicos, tive a oportunidade de dirigir a FAU Mackenzie, em que estruturamos o curso de doutorado e ampliamos a pesquisa acadêmica voltada para a reflexão do(a) arquiteto(a) e urbanista sobre suas intervenções na construção da cidade.

Nessa oportunidade publicamos o livro *A cidade que não pode parar, planos urbanísticos de*

São Paulo,[13] com vários autores e organização com Cândido Malta Campos Filho. Hoje complementamos essa pesquisa com o livro *Cidade das desigualdades*, no prelo, sem grandes ilusões.

De volta às origens: patrimônio cultural e cidade contemporânea

A preocupação com as transformações contemporâneas e a gestão das grandes metrópoles foi impulsionada durante as minhas pesquisas de pós-doutorado na Ehess e com a relação frutífera que desenvolvi com o *Institut d'Urbanisme de Paris* – IUP. Esse trabalho resultou nos Diálogos França/Brasil, evento iniciado em 2010 e que hoje está na sua quarta versão, e na tradução do livro *Os novos princípios de urbanismo*, de François Ascher.

Minha militância pela valorização do Projeto de Arquitetura nas cidades me possibilitou uma inserção internacional, que culminou com a representação do Brasil na União Internacional de Arquitetos – UIA. No IAB-SP, liderei, em 2009, a criação do Grupo de Trabalho do Patrimônio Cultural, que redundou na representação da entidade junto ao Conpresp, em 2010.

Quando assumi a direção do DPH-SP, em 2013, coordenei a estruturação de uma proposta de política pública baseada em cinco diretrizes. A primeira foi a estruturação e refundação do DPH-SP com foco na preservação e no conhecimento do que já foi tombado ou está em processo de tombamento, para efetivamente responder se o que está protegido corresponde aos períodos de evolução urbana da cidade. A segunda diretriz foi a inserção urbanística da salvaguarda do patrimônio histórico e a possibilidade de obtenção de recursos através de grandes projetos urbanos, como as operações urbanas consorciadas previstas para a cidade no Plano Diretor de 2014, que incluiu novos

[13] ... (org.), *A cidade que não pode parar: planos urbanísticos de São Paulo no século 20*.

instrumentos como territórios culturais e a Zona Especial de Preservação Cultural – Zepec, além de isenções tributárias.

Como terceira diretriz, o processo de inventários e identificação do patrimônio a ser protegido foi descentralizado, por meio do diálogo constante com a população, que deve se compor com a técnica para definir sua "herança". Convênios com universidades poderão dar consistência e foco aos procedimentos, que deverão ser voltados para pesquisa aprofundada. Em quarto lugar, a agilidade de procedimentos e respostas mais rápidas à sociedade deverá ser constituída através da informatização, articulação com as demais esferas de governo e capacitação técnica.

Por último, a obtenção de recursos e a valorização da memória coletiva poderá reconstituir nossa história em busca de um futuro de melhor qualidade urbana, reconstituindo o patrimônio histórico como elemento de inclusão social, em face dos desafios de uma contemporaneidade líquida.

A visibilidade e a inovação na gestão do patrimônio cultural foram obtidas através da democratização do Conpresp; da criação da Jornada do Patrimônio e do Selo de Valor Cultural; da introdução de debates e de instrumentos construídos coletivamente; e da articulação das três esferas de governo, por meio do Escritório Técnico de Gestão Compartilhada – ETGC.

Em 2017, minha pesquisa em Londres teve como objeto a gestão do patrimônio cultural, a busca de financiamento e a articulação com a sociedade para a valorização dos projetos urbanos. Não temos no Brasil um modelo de gestão – com inclusão social – para essas intervenções contemporâneas. Harvey e outros autores marxistas (Arantes, Davis, Vainer) apontam que a pobreza é inerente ao capitalismo e essas transformações só atendem à demanda da acumulação.

Exemplos internacionais, como na França e na Holanda, apontam que é possível construir cidades e garantir moradia digna, espaços públicos eficientes e qualidade de vida a partir de bons projetos urbanos. Não se trata de ideias fora de lugar, mas de buscar experiências inovadoras e avançar em relação à crítica acadêmica imobilizante. Como poderemos construir um modelo inclusivo no Brasil?

Valorização profissional: IAB, UIA e CAU

Neste mundo contemporâneo, com guerras acontecendo simultaneamente em diferentes pontos do globo, marcado pela polarização política e pelo espírito da "pós-verdade" (em que fatos objetivos perdem importância), os(as) arquitetos(as) e urbanistas têm uma enorme responsabilidade no combate às mudanças climáticas e na redução das imensas desigualdades que se refletem na precariedade das moradias – a ponto de Mike Davis falar de "Planeta Favela" já há algum tempo.

Em 2008, pela insistência de Joaquim Guedes, fui incorporada ao Conselho Superior do IAB Nacional e logo em seguida eleita representante na UIA. Confesso que tive dificuldades de entender a importância dessa organização internacional, até que, no início de 2010, o Brasil se candidatou a acolher o Congresso Mundial de Arquitetos, não só para mostrar a arquitetura brasileira, mas principalmente apontar nossos problemas e a possibilidade de redução de desigualdades. Sob a liderança de Sérgio Magalhães, então presidente do IAB, foi proposto no Congresso Mundial de Durban (2014) o tema "Todos os Mundos, um só Mundo: Arquitetura do Século 21". Com a vitória da candidatura brasileira, o Rio de Janeiro foi escolhido para acolher o 27º Congresso Mundial de Arquitetos – UIA2021RIO, que ocorreu de forma remota por conta da pandemia de covid-19. Apesar da frustração por não recebermos no Brasil arquitetos(as) do mundo inteiro, o evento conseguiu reunir

95 mil arquitetos(as) de 185 países, muito mais do que os 15 mil anteriormente.

Minha participação como conselheira da UIA encerrou-se em 2017, quando disputei as eleições para conselheira do CAU BR, no mandato 2018-2020, e depois para presidente da instituição, na gestão 2021-23. Na presidência do CAU BR, priorizei uma visão menos cartorial e mais social do Conselho. Focamos nossa atenção nas necessidades de melhorias habitacionais para 26,5 milhões de domicílios, construímos um projeto ambiental e, principalmente, criamos políticas afirmativas que visam a equidade de gênero e raça na profissão. Revelamos, por meio de uma pesquisa encomendada junto ao Instituto Datafolha, que 82% das moradias no Brasil são construídas sem arquitetura e que a maioria dos profissionais ganham até três salários mínimos.

Voltando ao início deste texto, posso afirmar que nós, arquitetos(as) e urbanistas, temos a importante missão de lutar contra as crescentes desigualdades sociais no país através do nosso ofício. Porém, fica ainda a questão central: *com a crescente fragmentação de um campo progressista como enfrentar essa luta e essa missão essencial?* A resposta pode estar com Edgar Morin, que aposta na desbarbarização do mundo; e com os(as) jovens pesquisadores(as) que oriento na pós-graduação da FAU Mackenzie, sempre buscando ações de dimensão local com acolhimento feminista, solidariedade, cooperação e sororidade.

Manter a esperança é necessário. No nosso grupo de pesquisa, onde aprendo muito, estamos desenvolvendo os conceitos de urbanismo corporativo e urbanismo cooperativo. Esse último nos leva à questão da necessidade da mobilização social para efetivar mudanças que o Brasil e o planeta demandam com urgência.

Por isso, me permito lançar este livro-manifesto.

a cidade

é política

redução de

desigualdades

mais arquitetos(as)

mais justiça

Parte 2

Mais arquitetura e urbanismo

CAPÍTULO 1

Como presidente do CAU BR, propus uma política que desse resposta à alarmante descoberta de que 82% da população que contrata obras de construção e reforma não contam com serviços de arquitetos(as) e urbanistas e engenheiros(as). Tomando como referência o programa Mais Médicos, do governo federal, lançamos o programa Mais Arquitetos, para fornecer assistência técnica gratuita de arquitetos(as) e urbanistas para moradias que necessitam de melhorias habitacionais. Foram realizadas mais de 230 ações em todo o Brasil, com investimentos de 23 milhões de reais e 27 mil moradores impactados. Como a maioria dos profissionais da área é composta por mulheres, renomeamos aqui a iniciativa como “Mais Arquitetura e Urbanismo”.

Mais arquitetos na saúde das moradias

Nadia Somekh

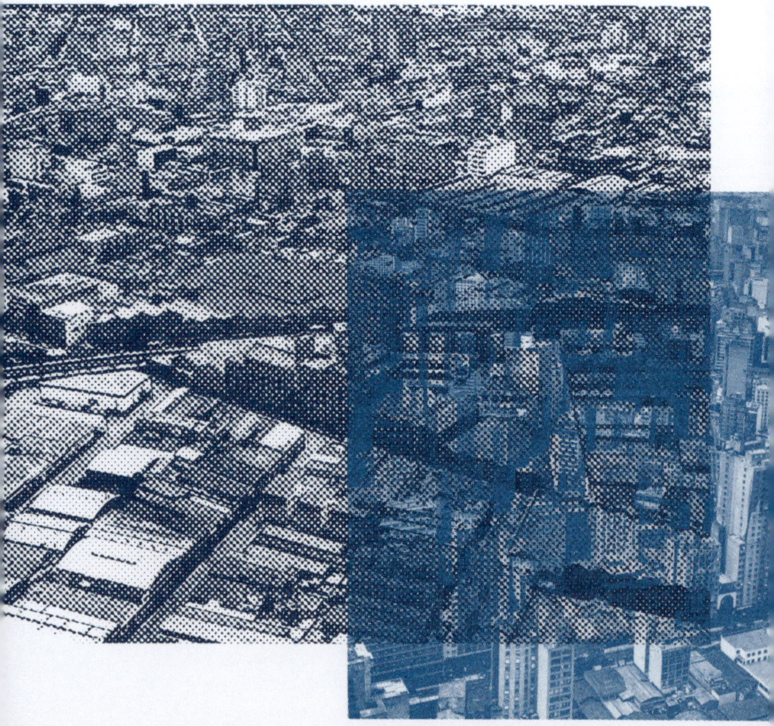

Estadão, 13/05/2021

A pandemia mostrou que as grandes desigualdades nas cidades brasileiras e a precariedade de moradias e espaços públicos constituem uma questão de saúde pública.

Uma casa com ventilação e iluminação naturais colabora para o bem-estar de seus moradores, pois evita umidade interna e consequentemente mofos nas paredes, causadores de doenças respiratórias. Moradias com falta de banheiro constituem fator de risco para o desenvolvimento infantil.

Nós, arquitetos e arquitetas, temos por ofício melhorar a qualidade de vida da população e a saúde é prioridade. No entanto, pesquisa Datafolha revelou que 85% das edificações no Brasil foram construídas sem arquitetos ou engenheiros. A Fundação João Pinheiro explicita isso em números: além de um déficit habitacional de cerca de 6 milhões de moradias, o Brasil tem 25 milhões de domicílios com algum tipo de inadequação, sendo 11 milhões com carências edilícias, como ausência de banheiro exclusivo, cômodos improvisados em dormitórios e falhas de cobertura e pisos.

Assim, o problema habitacional do país não se resume à necessidade de novas moradias: inclui ainda tornar saudáveis os domicílios das famílias de baixa renda já existentes. Os 220 mil arquitetos e arquitetas do país dariam conta do atendimento a esta população, mas só um percentual pequeno conseguiu viabilizar uma atuação profissional nesse campo. Por outro lado, só uma parte das pessoas necessitadas conhece os benefícios de nosso trabalho e tem condições de financiar a realização de uma obra regular.

A assistência técnica em habitação de interesse social, promovida pelo poder público, é o instrumento para disponibilizar os serviços dos arquitetos para a população de baixa renda, de forma gratuita, uma vez que o poder público remuneraria a elaboração de projetos de reformas e construções. A lógica é semelhante ao SUS na área da saúde ou à Defensoria Pública para quem precisa de um advogado.

Já existe lei garantindo este direito graças à luta história de arquitetos e urbanistas pela melhoria das condições de vida do brasileiro, tendo como marcos importantes a defesa de uma política habitacional e da reforma urbana nos anos 1960, o protagonismo na definição da função social da cidade na Constituição de 1988 e o Estatuto da Cidade de 2001.

Em 2006, a Câmara dos Deputados aprovou projeto do arquiteto e urbanista Zezéu Ribeiro, deputado federal pela Bahia, visando assegurar às famílias de baixa renda a assistência técnica gratuita para o projeto e a construção de moradia de interesse social (Athis), com apoio financeiro da União aos estados, ao Distrito Federal e aos municípios. A lei foi sancionada em 2008, mas até o momento apenas cerca de 20 prefeituras a colocaram em prática.

Com a criação do Conselho de Arquitetura e Urbanismo, em 2010, a ideia de implementação da Athis foi tomada como uma missão e, a partir de 2016, no mínimo 2% de sua receita líquida é destinada a patrocinar iniciativas na área. Nas eleições de 2018 e 2020, o CAU encabeçou manifestações sugerindo medidas assertivas para implementação da Athis no país.

Agora, com a pandemia, o CAU Brasil lança campanha e ações institucionais objetivando dar uma escala nacional à implementação da Athis como política de Estado. Queremos unir gestores públicos, ONGs, cooperativas, empresas e bancos em uma cruzada de "Saúde na Habitação" para garantir moradia digna a todos os brasileiros.

Celebrar a Arquitetura, melhorar o planeta e a vida das pessoas

Nadia Somekh

Estadão, 04/10/2021

Desde que a nova gestão do Conselho de Arquitetura e Urbanismo do Brasil se iniciou, em janeiro, temos repetido insistentemente que nossas cidades precisam cada vez mais dos conhecimentos e serviços dos arquitetos e arquitetas. Da mesma forma, temos reconhecido que quem não conhece a Arquitetura não a valoriza.

Hoje é a data ideal para falarmos disso. Neste 4 de outubro, nos associamos à União Internacional de Arquitetos – UIA na comemoração do Dia Mundial da Arquitetura e à ONU-Habitat pela celebração do Dia Mundial do Habitat. A preocupação com a saúde pública e o clima global aproximam os temas de ambas as comemorações. O que a Arquitetura tem a ver com isto? Muito.

As ações sanitárias se tornaram prioritárias com a pandemia da covid-19, tida pela ONU como a "pior crise sistêmica do planeta" desde sua fundação, em 1945, ampliando as desigualdades sociais. Entre tais ações, no Brasil, é preciso destacar a necessidade de oferecermos moradia digna à população mais carente. É uma questão de saúde pública melhorarmos urgentemente as condições de habitabilidade em um país que, segundo a Fundação João Pinheiro, nada menos do que 25 milhões de moradias (um terço do total) são inadequadas.

Para expor à sociedade a magnitude destes dados, bem como a expectativa de nossos 220 mil arquitetos e arquitetas de que sejam criadas condições para se engajarem na reversão desta realidade, o CAU Brasil lançou em abril a campanha institucional Mais Arquitetos com duas vertentes.

Uma delas é conscientizar os gestores públicos da necessidade da implementação da Lei de Assistência Técnica em Habitação Social – Athis em todo país. Nas cidades com legislação Athis, a população de baixa renda tem acesso a projetos e outros serviços dos arquitetos proporcionados gratuitamente por programas habitacionais das prefeituras. Para criar exemplos concretos, o próprio CAU tem aberto, em todo país, editais de patrocínio de projetos Athis em vários modelos. Um deles, do CAU Brasil, financiará a contratação de arquitetos e urbanistas por prefeituras que possuam programas de assistência técnica.

Outra vertente é ampliar o conhecimento da sociedade sobre os benefícios de nosso trabalho. Queremos falar especificamente com os cidadãos que desejam reformar ou construir suas moradias, têm condições financeiras para isso, no entanto, desconhecem que o trabalho do arquiteto resulta em melhor planejamento da obra, maior qualidade e conforto, mais segurança e economia de tempo e (importante!) de gastos, pois evita refações e desperdício de materiais. Eles fazem parte dos 85% da população urbana brasileira que, segundo pesquisa Datafolha-CAU Brasil, reforma ou constrói sem arquiteto ou engenheiro. A conjugação dos trabalhos destes profissionais é importante para ampliar nosso campo de trabalho em prol da sociedade.

Estamos abordando até aqui ações de âmbito nacional, mas de execução local e de resultados imediatos. Já as ações contra a mudança global do clima (Item 13 dos Objetivos do Desenvolvimento Sustentável) nos inserem em um desafio internacional de realização e frutos de médio e longo prazo.

É preciso conter as emissões de gases de efeito estufa no planeta e o ambiente construído tem parte da responsabilidade. Somadas, as emissões diretas de CO2 no cotidiano dos edifícios e na indústria da construção civil representam 38% do total das emissões globais de gás carbônico relacionadas à energia. Os dados são do Programa das Nações Unidas para o Meio Ambiente

– Pnuma e, mantido este percentual, o cumprimento das metas do Acordo de Paris ficará comprometido.

A expectativa do Pnuma é que pacotes de recuperação da pandemia melhorem os padrões dos edifícios recém-construídos e impulsionem a renovação dos edifícios existentes, contribuindo para mitigar o aquecimento global. Arquitetos brasileiros têm feito sua parte. Muitos vêm ganhando destaque e prêmios internacionais por projetos de edificações sustentáveis, que aos poucos deixam de ser coisa de elite. Esse conceito também tem sido aplicado nas reformas multiplicadas pela pandemia e terá um impacto positivo.

Nosso urbanismo, por sua vez, tem contribuído para a sustentabilidade e a resiliência climática de algumas cidades com o incentivo à mobilidade a pé ou por meios de transportes não poluentes, maior usufruto de espaços livres e respeito à natureza. Da mesma forma, os arquitetos e arquitetas brasileiros têm participação histórica na luta pela regularização fundiária, o que pode garantir melhores condições de ocupação dos territórios mais vulneráveis a deslizamentos e enchentes.

Nossa jornada está em curso. Os primeiros resultados têm sido promissores. É preciso, com humildade, reconhecer que ainda há muito a progredir. O Dia Mundial da Arquitetura é uma boa data para renovarmos nosso compromisso com a melhoria da qualidade de vida do planeta e da população brasileira.

Missão Esperança: tornar a Arquitetura visível

Nadia Somekh

Revista Móbile, Ed. 23 (CAU SP), março de 2022

O trabalho do arquiteto e urbanista brasileiro precisa sair da invisibilidade para a visibilidade. Esse é um dos principais objetivos da gestão 2021-2023 do CAU Brasil. Como fazer isso através do CAU?

Há muita produção arquitetônica de valor em nossas cidades. Ela está reunida em edificações saudáveis, confortáveis e belas e nos espaços públicos que preservam a natureza e são inclusivos. Lugares onde o arquiteto e urbanista atuou e pode conceber soluções espaciais funcionais com custos justos e adequados.

Apesar disso, muitas vezes essa produção é invisível para os olhos da maioria da população, diante do marcante indicador de moradias feitas sem projeto – 85% do total, segundo pesquisa Datafolha – e das imensas periferias que crescem sem planejamento e infraestrutura.

Entendemos que a reversão desse quadro começa justamente com a ampliação da atuação dos arquitetos em nossas cidades, concretizando a missão do CAU: Arquitetura e Urbanismo para Todos.

O desafio é popularizar e democratizar – em síntese, dar plena visibilidade – os serviços de Arquitetura e Urbanismo, mostrando para a população que nossos serviços são essenciais para dar segurança, conforto e sobretudo salubridade para as moradias.

Essa é a primeira marca que queremos fixar, o que necessariamente engloba a melhoria da relação com os profissionais. Outras marcas/desafios são fomentar a qualidade na formação dos arquitetos e urbanistas, incentivar a fiscalização como um vetor de melhoria do exercício profissional, incrementar as parcerias institucionais e promover ações inclusivas para diminuição das desigualdades através da arquitetura e urbanismo.

Um exemplo são as ações do programa Mais Arquitetos em defesa de moradia digna, objetivando contribuir para a reparação da precariedade habitacional escancarada pela pandemia da covid-19, tão bem retratada em números da Fundação João Pinheiro.

Pesquisa de 2020 revela que, além de um déficit habitacional de cerca de 6 milhões de moradias novas, 25 milhões de domicílios existentes (um terço do total) têm algum tipo de inadequação, sendo 11 milhões com carências edilícias, como ausência de banheiro exclusivo, cômodos improvisados em dormitórios e falhas de cobertura e pisos. O que demonstra que habitação social é uma questão de saúde pública.

A Assistência Técnica em Habitação de Interesse Social, promovida pelo poder público, prevista na Lei da Athis (11.888/2008), é o instrumento para disponibilizar os serviços dos arquitetos para a população de baixa renda, de forma gratuita, uma vez que o poder público remuneraria a elaboração de projetos de reformas e construções.

O primeiro ano da gestão foi marcado por campanha de comunicação visando a conscientização da população mais carente sobre seu direito de usufruir da Lei da Athis, através de políticas públicas (até agora implementadas, infelizmente, em menos de 30 municípios).

Tivemos oito milhões de visualizações de posts de influenciadores digitais que dialogam com a população de baixa renda e realizamos "lives" de grande audiência com especialistas em habitação e saúde pública. Lançamos, no UIA2021RIO, o “Manifesto em Defesa de Moradia Digna”. Foi uma “semente” que igualmente mostrou que os 212 mil arquitetos e arquitetas do país dariam conta do atendimento a essa população, mas só um percentual pequeno conseguiu viabilizar uma atuação profissional nesse campo.

Buscando fomentar essa atuação, o CAU Brasil lançou um edital de Patrocínio de Ações Athis, disponibilizando um total de um milhão de reais. O edital obteve 44 inscrições de organizações da sociedade civil, tendo sido contempladas nove, todas coordenadas por arquitetos e todas prevendo articulação com políticas públicas. Em paralelo, diversos CAU UF atuaram no mesmo sentido ou lançaram programas próprios, como o Nenhuma Casa Sem Banheiro, do CAU RS.

Em paralelo, realizamos ações junto ao Congresso Nacional para a destinação de verbas do orçamento da União para programas de assistência técnica, além de encontros com representações de prefeituras e secretarias estaduais de Habitação.

A melhoria das cidades brasileiras necessita da nossa atuação nesta escala maior do território, ocupado especialmente pela população mais pobre, mas exige também a presença do arquiteto e da arquiteta na escala menor, dispersa pelos bairros, onde estão os lares das famílias de classes médias urbanas. São famílias que têm condições de contratar nossos serviços, mas não o fazem por desconhecerem os benefícios agregados, acabando por cair nas mãos de leigos para realizarem irregularmente “projetos” ou obras. Esses são os públicos-alvo da campanha Mais Arquitetos de 2022 que mostrará os diversos campos de atuação dos profissionais de Arquitetura e Urbanismo.

Para apoiar o exercício profissional de forma a atender as demandas do poder público e do mercado, a atual gestão definiu como prioridade zero, logo ao se instalar, o funcionamento de forma segura e eficiente do Siccau, tornando-o mais amigável. A dinamização do processo de registro profissional e a implantação de formas contemporâneas de cobrança são objetivos que buscam facilitar os procedimentos administrativos de atendimento aos profissionais.

A segunda marca da gestão 2021-2023 do CAU Brasil diz respeito ao fomento da qualidade da formação dos arquitetos e urbanistas. O país inteiro tem hoje 875 escolas de Arquitetura, o que leva qualquer um a perguntar que qualidade de arquiteto estamos formando. Faz-se necessário zelar pela formação de arquitetos que atendam às necessidades do país, não pensem só em fazer arquitetura para elite.

Repetindo o que disse na primeira entrevista que concedi depois de eleita: nós temos que ter arquiteto pé no chão, arquiteto que faça o que o Brasil necessita. E isso não pode ser feito de maneira remota. O ensino de Arquitetura exige contato presencial para se concretizar.

Estima-se que teremos, em três décadas, uma demanda de 40 milhões de residências e edificações em geral a serem construídas no país. Não faltará trabalho para bons profissionais, que necessitarão investir na formação continuada, outro ponto que o CAU Brasil deseja incentivar juntamente com a pesquisa e extensão.

Finalidade primeira de um conselho profissional, a missão que a atual gestão do CAU Brasil deseja imprimir à fiscalização é transformá-la em vetor de melhoria do exercício profissional de Arquitetura e Urbanismo. Sem perder seu rigor, buscando sempre a proteção da sociedade, a fiscalização dos arquitetos e urbanistas deve ser um instrumento didático, que sirva para seu aperfeiçoamento profissional: orientação, não punição.

Preservando a autonomia dos CAU UF, a ideia é desburocratizar trâmites administrativos para acelerar os processos, estabelecer indicadores de eficiência e padronizar a dosimetria das ações (preventiva, corretiva e punitiva) conforme as circunstâncias. A primeira de todas as ações é de comunicação, para esclarecer a sociedade sobre o trabalho do arquiteto e o papel do CAU. Uma regulamentação federal uniformizará os procedimentos para o envio dos casos de exercício ilegal da profissão aos órgãos oficiais de investigação, como a Polícia Civil e o Ministério Público.

Outra marca a ser perseguida consiste no incremento das parcerias institucionais do CAU, a começar com as entidades de Arquitetura e Urbanismo que compõem o Ceau. Vamos unir esforços para fortalecer e valorizar a Arquitetura, "desprecarizar" o trabalho do arquiteto e ampliar as chances para a legião de estudantes que estamos formando.

Somos um CAU único: o fortalecimento do Fórum de Presidentes possibilitará o planejamento e a operacionalização unificada de ações. O programa CAU Educa abriu perspectivas novas para o relacionamento com as escolas e professores de crianças e adolescentes, o que nos possibilita contribuir na educação dos cidadãos de amanhã sobre seu papel no enfrentamento da complexidade sócio-territorial das cidades e na consciência ambiental.

É nosso desafio a promoção de novas ações modernizadoras, inclusivas e de reparação das desigualdades através da arquitetura e urbanismo para além do que já está contido na jornada do Mais Arquitetos descrita no início deste artigo. A continuidade dos debates sobre gênero, raça e diversidade é essencial para trazer o CAU para o mundo contemporâneo.

Mais Médicos/ Mais Arquitetos: mais saúde para o Brasil

Nadia Somekh

Estadão, 22/03/2023

O anúncio da retomada pelo governo federal do programa Mais Médicos para o Brasil veio com uma série de novidades além do próprio nome. Entre elas, a intenção de, até o final de 2023, fixar 28 mil profissionais em todo país, principalmente nos municípios mais distantes dos grandes centros e nas periferias urbanas onde vivem as pessoas mais vulneráveis.

O momento é oportuno para relembrar a publicação neste espaço, em maio de 2021, do artigo "Mais arquitetos na saúde das moradias". Nele, ressaltamos como a pandemia mostrou que as grandes desigualdades nas cidades brasileiras e a precariedade de moradias e espaços públicos constituem uma questão de saúde pública.

Nós, arquitetos e arquitetas, temos por ofício melhorar a qualidade de vida da população e a saúde é prioridade. No entanto, pesquisa Datafolha de 2021 revelou que 82% das edificações no Brasil foram construídas sem arquitetos ou engenheiros.

Por sua vez, dados da Fundação João Pinheiro indicam que, além de um déficit habitacional de cerca de 6 milhões de moradias novas, o Brasil tem 25 milhões de domicílios já existentes com algum tipo de inadequação, sendo 11 milhões com problemas construtivos como ausência de banheiro exclusivo, falta de revestimento em paredes, cômodos improvisados em dormitórios e falhas de cobertura e pisos.

A ventilação e iluminação naturais das moradias são essenciais para o bem-estar de seus moradores, pois evitam umidade interna e, consequentemente, mofos nas paredes, causadores de doenças respiratórias. Moradias com falta de banheiro constituem fator de risco para o desenvolvimento infantil. Todavia, conforme dados do IBGE, em 2019, o Brasil tinha 1,6 milhão de residências sem banheiro, o que significa cinco milhões de pessoas sem acesso às condições sanitárias básicas.

Essa triste realidade motivou o Conselho de Arquitetura e Urbanismo do Rio Grande do Sul a lançar durante a pandemia o programa Nenhuma Casa Sem Banheiro, em parceria com o governo estadual e diversas prefeituras. Um total de 426 famílias foram beneficiadas com o projeto-piloto desenvolvido nos municípios de Canoas, Caxias do Sul, Charqueadas, Lajeado e Santa Cruz do Sul. Basicamente, o Conselho financia os projetos e trabalho de campo dos arquitetos. O poder público disponibiliza verbas e executa as obras. O CAU do Distrito Federal está desenvolvendo um programa similar.

A iniciativa deu tão certo que o governo do Rio Grande do Sul adotou e ampliou o programa para todo o interior do estado, em convênio com prefeituras, beneficiando até o momento mais 1.151 famílias.

Os resultados iniciais demonstram na prática o quanto é fundamental agregar os conhecimentos dos arquitetos e urbanistas nas ações de saúde pública, o que nos leva a propor a estruturação do Mais Médicos/Mais Arquitetos: mais saúde para o Brasil.

O CAU pode colaborar com recursos, pois desde 2015 no mínimo 2% de sua receita líquida é destinada a patrocinar iniciativas que objetivem garantir moradia digna para os mais carentes.

No total, em todo país, entre 2017 e 2022, o Conselho patrocinou 230 ações de implementação da Lei da Athis

(11.888/2008), investindo 23 milhões de reais. Pela lei, famílias com renda de até três salários-mínimos têm direito a assistência pública e gratuita para o projeto e a construção de habitação de suas moradias.

O patrocínio do CAU torna a lei mais conhecida da população e fomenta sua implementação pelo poder público. Em paralelo, tivemos êxito no Congresso na conquista de emendas parlamentares destinando recursos para diversas prefeituras incluírem a Athis em suas políticas habitacionais.

O artigo de dois anos atrás dizia que o importante é dar escala nacional à implementação da Athis como política de Estado para garantir moradia digna para todos os brasileiros. O momento chegou. Nós estamos certos de que os 212 mil arquitetos e arquitetas do país dariam conta do desafio.

Um Conselho que protege a sociedade

Nadia Somekh

Revista Móbile, Ed. 26 (CAU SP), novembro de 2023

O Conselho de Arquitetura e Urbanismo do Brasil é uma autarquia federal, fundada em 2010, que possui a função de “orientar, disciplinar e fiscalizar o exercício da profissão de arquitetura e urbanismo”. Também é obrigação do Conselho “zelar pela fiel observância dos princípios de ética e disciplina da classe em todo o território nacional, bem como pugnar pelo aperfeiçoamento do exercício da arquitetura e urbanismo” (§ 1º do Art. 24 da Lei Federal nº 12.378/2010).

O CAU Brasil tem como missão institucional “promover arquitetura e urbanismo para todos”. Nesse sentido, a autarquia federal vem atuando para conscientizar a sociedade sobre a importância e a função social da profissão para a construção de uma sociedade mais justa e inclusiva. Em consonância ao exposto, e alinhado aos trabalhos que vêm sendo desenvolvidos pelas entidades de arquitetura e urbanismo, desde 2015, o CAU vem investindo parte de seus recursos no estímulo à Assistência Técnica em Habitação de Interesse Social – Athis enquanto exercício profissional e política de Estado.

Na atual gestão 2021/2023 atribuímos uma característica mais social ao Conselho: os dados obtidos pelo CAU por meio de pesquisa Datafolha, evidenciaram que 82% da população brasileira
1 não contrata serviços de arquitetura ou de engenharia. Ou seja, a

prática da autoconstrução é comum em nossas cidades, não somente para a baixa renda, mas também por parte da classe média.

Pensando nisso, o CAU Brasil propôs o programa Mais Arquitetos, uma estratégia de comunicação mais clara com a sociedade para evidenciar a função social da arquitetura e do urbanismo para a sociedade brasileira. Até 2040, novas edificações deverão ser construídas, para alcançar qualidade, estimulamos a produção de novos serviços de arquitetura. Além disso, das 25 milhões de moradias precárias, 14 milhões necessitam de melhorias e, portanto, do nosso ofício.

Nesse contexto, o CAU Brasil tem desenvolvido ações de divulgação, fomento e organização do tema dentro da estrutura do sistema CAU. No âmbito da divulgação, a campanha Mais Arquitetos chegou a mais de 10 milhões de pessoas, em sua maioria na periferia das grandes cidades brasileiras, divulgando o direito à moradia digna, a Lei da Athis e o trabalho técnico responsável dos profissionais de arquitetura e urbanismo com arquitetura social. No âmbito do fomento, disponibilizou quase 3 milhões de reais em 2021 e 2022 em ações de patrocínio de OSCs, com 17 organizações patrocinadas nas cinco regiões do país.

O resultado dessas ações vem sendo amplamente divulgado nas mídias do CAU, atividades de capacitação, de mobilização social, de projetos e obras, de regularização fundiária, até mesmo de resiliência e mitigação climática em áreas de interesse social sensíveis às mudanças do clima. Essas ações evidenciam a potência do trabalho conjunto do CAU e das entidades em prol da moradia digna, são mais de 560 profissionais envolvidos nessas ações, quase 27 mil pessoas beneficiadas em todo país.

No âmbito da estruturação, o CAU Brasil vem trabalhando em conjunto com o Ipea desde meados de 2022, na análise de tudo que foi desenvolvido pelo CAU (ou em parceria com o CAU) no que se refere à Athis desde 2015. Dentre os achados desse trabalho, constatou-se que o Conselho se consolidou como uma das principais vozes a tratar do tema da Melhoria Habitacional no país, motivo pelo qual vem sendo convidado a apresentar sua visão em diferentes espaços de debate, sobretudo no Congresso Nacional e junto ao Ministério das Cidades, na estruturação de uma política nacional de Athis e Melhorias Habitacionais.

Além do CAU Brasil, cada CAU nos estados promoveu ações efetivas para mudarmos esse quadro de precariedade habitacional e consolidarmos o profissional de arquitetura e urbanismo como um técnico comprometido com as causas sociais, com a saúde da população, através do serviço técnico em prol da moradia digna. O CAU SP é um dos grandes expoentes nesse propósito, fomentando diversas ações nos últimos anos, que contribuem para essa percepção da profissão para a sociedade brasileira, além de amplificar as oportunidades de trabalho com assessoria técnica no estado de São Paulo.

Os editais de fomento do CAU SP apresentam um volume exponencial na gestão 2021-2023, o maior volume de recursos e, percentualmente, um dos maiores entre todos os CAU UF do país.

Não obstante a abrangência – temática e financeira – dos editais de fomento promovidos, focando em diferentes eixos da atuação com habitação de interesse social (Athis rural, nas periferias da RMSP, no interior do estado, Athis integrada à regularização fundiária etc.), o CAU SP também vem se destacando na estruturação de documentos técnicos, como o Guia de Implementação da Athis para municípios, na articulação institucional, efetivando acordos de cooperação técnica com diferentes prefeituras do estado de São Paulo, e na mobilização pelo tema e pela arquitetura social junto à categoria através da realização de eventos de sensibilização.

A experiência que o CAU SP vem promovendo é estratégica, somando esforços junto aos demais CAU estaduais e ao CAU Brasil para transformar a arquitetura e urbanismo como agentes eficazes de mudança social, ao mesmo tempo que reforça o compromisso do CAU em criar um ambiente construído mais inclusivo, saudável e harmonioso para todas e todos.

Como presidente do CAU Brasil e representante dos arquitetos e arquitetas paulistanos, espero que os resultados desse esforço coletivo ofereçam subsídios para o fortalecimento do entendimento em torno da arquitetura e do urbanismo enquanto ferramentas para promoção de saúde e qualidade de vida para a população, e que se torne uma referência para a construção de políticas públicas no restante do país, ampliando o acesso à Arquitetura e Urbanismo à sociedade e àqueles que mais precisam.

Prioridade do CAU Brasil é a democratização dos serviços de Arquitetura

Entrevista com Nadia Somekh

Portal AECWEB, março de 2021

A primeira mulher a assumir a presidência do CAU Brasil já avança na concretização das pautas que a elegeram. Em entrevista ao Portal AECweb, Nadia Somekh detalha políticas essenciais, como popularizar o papel dos arquitetos e urbanistas junto à sociedade, com campanha institucional e o programa Mais Arquitetos, além de iniciativas para promover a equidade de gênero na estrutura do organismo e nos escritórios. Ela aborda, ainda, as iniciativas para mitigar o impacto da recessão econômica entre os profissionais.

AW Qual o maior desafio que se apresenta neste início da sua gestão?

NS O maior desafio de quem assume o CAU Brasil é representar e atender todos os 200 mil arquitetas e arquitetos e suas necessidades de maneira remota, em razão do isolamento imposto pela pandemia, o que dificulta ainda mais a nossa tarefa. A primeira iniciativa da nova gestão foi construir, em consenso, as prioridades dos primeiros 100 dias. Esse planejamento foi elaborado em conjunto por conselheiros do CAU Brasil e por presidentes dos CAU UF em sete oficinas, realizadas em formato híbrido, presencial e virtualmente. Foram elencadas 78 ações, sendo 21 delas emergenciais.

AW E qual foi a prioritária?

NS A resolução dos problemas emergenciais do Siccau (Sistema de Informação e Comunicação do CAU), decorrentes da desatualização do sistema, foi considerada "prioridade zero". Foi criada uma força-tarefa para solucionar os problemas na emissão de Registro de Responsabilidade Técnica – RRT. Mapeamos 77 pontos e já avançamos muito, pois 59 correções foram realizadas até o dia 10 de março.

AW Quais os mecanismos que o conselho deve empregar para aproximar os arquitetos e urbanistas da sociedade, valorizando o seu papel social?

NS No plano dos 100 dias, assumimos o compromisso de criar uma plataforma que possa ouvir a todos os arquitetos e urbanistas, visando justamente uma maior aproximação com a sociedade. Com a mesma perspectiva, também assumimos o desafio de popularizar e democratizar os serviços de Arquitetura e Urbanismo, mostrar para a população que nossos serviços são necessários para dar segurança, conforto e sobretudo salubridade para as moradias, algo fundamental, como temos constatado em meio ao flagelo da pandemia da covid-19.

AW Como será feita, na prática, essa popularização?

NS Atuaremos em diversas frentes. De imediato, com uma campanha institucional para ir aonde o povo está e sensibilizar a população da importância de nosso ofício para a melhoria da vida das pessoas. Eu não me canso de repetir: quem não conhece não valoriza. O povo reconhece o valor dos médicos porque precisa deles. O dos advogados porque tem defensoria pública. E não vemos o reconhecimento da arquitetura, que pode melhorar as condições de habitabilidade em um país onde, segundo estudos recém-divulgados pela Fundação João Pinheiro, cerca de 25 milhões de moradias (um terço do total) são inadequadas.

AW Quais serão as outras frentes?

NS Queremos aproveitar a oportunidade que o 27º Congresso Mundial de Arquitetos – UIA2021RIO nos oferece. Entendemos que o Congresso, além de apresentar nossa belíssima arquitetura para o mundo, deve mostrar para os gestores públicos e para a sociedade o quanto a arquitetura é importante para garantir a saúde da população. Acreditamos mesmo que esse será o maior legado do UIA2021RIO para o Brasil. O programa Mais Arquitetos será a terceira e última frente, que complementará e consolidará a longo prazo as duas primeiras.

AW No que consiste o programa Mais Arquitetos?

NS A nova gestão do CAU Brasil tem a perspectiva de fortalecer, nacionalmente, as ações que os CAU dos estados e do Distrito Federal já promovem em termos de assistência técnica em habitação de interesse social. Queremos ampliar e redistribuir recursos para que isso seja possível, a partir da parceria com órgãos públicos, lideranças esclarecidas da sociedade civil, empresas, instituições financeiras, movimentos sociais e o decisivo apoio da rede dos CAUs. O Mais Arquitetos abrange essas ações e outras mais, que buscarão popularizar a arquitetura junto a outras classes sociais, mostrar que ela é acessível e valorizar nosso ofício junto à sociedade.

AW Quais as ações que o CAU poderá adotar para mitigar os efeitos da crise econômica entre os profissionais?

NS

Hoje, como demonstrou a pesquisa Datafolha/CAU Brasil, 85% da população não utiliza serviços de arquitetos e nem de engenheiros ao construir ou reformar suas moradias. Por outro lado, há estudos que mostram que, na próxima década, 40 milhões de novas moradias serão edificadas, com ou sem arquitetos. A tarefa do CAU é justamente ampliar a demanda por nossos serviços, conscientizando a sociedade sobre nosso papel, de forma a aumentar o número de projetos e ajudar na melhoria da qualidade do ambiente construído. Na mesma linha, no âmbito das obras públicas, é preciso ampliar fortemente a atuação do Conselho no sentido de esclarecer a sociedade da importância do projeto de arquitetura e urbanismo e, em especial, do projeto executivo, como instrumento fundamental para a obtenção de qualidade, prazo, preço, eficiência e transparência.

AW Até que ponto os debates acadêmicos de arquitetura e urbanismo são, de fato, aproveitados nos programas brasileiros de políticas públicas?

NS É muito importante a opinião pública e a construção e legitimação de instrumentos de regulação urbanística. O debate que as entidades de Arquitetura e Urbanismo têm feito, historicamente, com a população, com apoio das pesquisas acadêmicas, é essencial para transformar e dar consciência às políticas públicas na área. São exemplos o Estatuto da Cidade, a Lei da Assistência Técnica em Habitação de Interesse Social – Athis e as revisões dos planos diretores, como o de São Paulo, envolvendo as universidades.

AW Quais os prejuízos para a profissão e a sociedade dos cursos de Arquitetura e Urbanismo na modalidade EAD?

NS A tecnologia é um instrumento muito importante para disseminar a formação pelo território nacional, que é imenso, não existindo escolas distribuídas de forma adequada. Por outro lado, os cursos de Arquitetura e Urbanismo precisam ter qualidade, uma vez que nosso ofício tem impactos diretos sobre a saúde e o bem-estar do indivíduo e da coletividade. Dessa forma, o CAU combate a formação em Arquitetura e Urbanismo 100% a distância, substituindo integralmente o ensino presencial, o que é bem diferente do ensino remoto em voga, temporária e emergencialmente, em razão da pandemia da covid-19. E mesmo essa experiência tem provado o quanto é difícil passar conhecimento, quanto mais no EAD, que são tutoriais e formas de capacitação técnica não aprofundada, que não correspondem ao que o ensino de Arquitetura e Urbanismo requer.

AW Como explicar que, apesar de maioria entre os profissionais, as arquitetas ainda ocupam menor número das presidências nos conselhos estaduais?

NS O CAU Brasil assumiu publicamente, há dois anos, o compromisso de promover a equidade de gênero em suas instâncias organizacionais, na profissão e no relacionamento com a sociedade, com ações detalhadas no hotsite Mulheres na Arquitetura e nas Cidades (www.caubr.gov.br/equidade), que estreamos em 8 de março e convido para conhecerem. Uma das ações foi um Ciclo de Debates que neste mês de março terá sua segunda edição. No Ciclo, vários depoimentos mostraram como as mulheres são importantes no desenvolvimento dos trabalhos dos escritórios, mas o protagonismo das equipes fica com os homens. Chegou a hora de dar crédito a quem realiza o trabalho e não só àquele profissional que é a aparente liderança. Isso ocorre não só aqui, mas em todo o mundo. Há vários exemplos de arquitetos que receberam, por exemplo, o prêmio Pritzker, e as arquitetas que trabalharam em conjunto com eles, algumas inclusive esposas, não foram reconhecidas.

AW Qual a expectativa de mudança desse cenário?

NS No CAU, as presidências dos Conselhos Estaduais tiveram até agora muito mais uma perspectiva masculina de representatividade. Na última eleição, tivemos chapas inteiramente femininas, como a de São Paulo, com 156 mulheres, que se prepararam e discutiram uma plataforma para mudar essa realidade, não para excluir os homens, mas para ampliar a representatividade da mulher. Quem iniciou isso foi o CAU de Santa Catarina, na eleição passada, um exemplo inspirador para as arquitetas, resultando que, na gestão 2021-2023, 51% da titularidade e suplência dos Plenários são mulheres. Um avanço enorme que pode se ampliar nas próximas eleições para as presidências. É importante que os homens percebam que não queremos excluí-los. A gente quer ser incluída.

AW Quais as contribuições que uma mulher, diferentemente do homem, aporta em cargos de poder?

NS A gestão feminina traz outra forma de resultado. As mulheres cuidam, temos mais facilidade para compartilhar, damos crédito umas às outras, zelamos para garantir o espaço para todo mundo, trabalhamos horizontalmente. A gestão compartilhada é muito mais uma característica da mulher do que do homem, que tem como metáfora o protagonismo. Enfim, o homem foi criado para ter protagonismo, mas isso está mudando. O protagonismo agora é de homens e mulheres. Essa é nossa visão quando defendemos a liderança feminina.

“Marca da nossa gestão é melhorar a vida da população”

Entrevista da presidente Nadia Somekh para o jornalista Raul Juste Lores

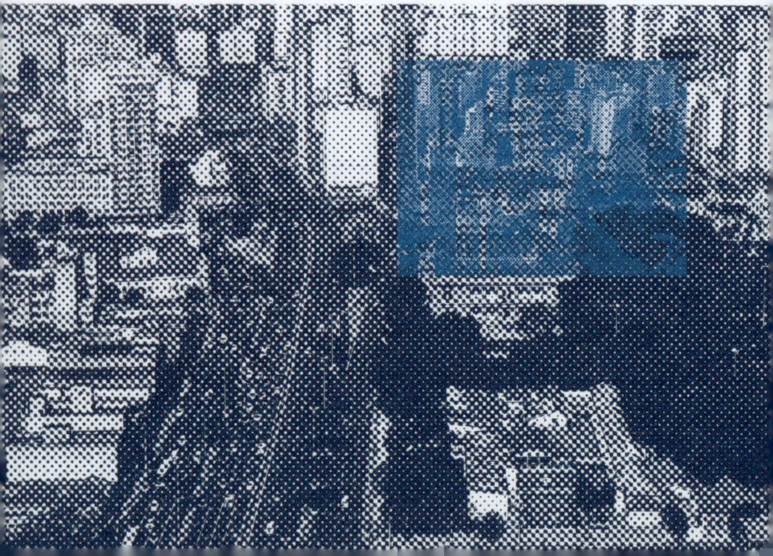

Podcast São Paulo nas Alturas, 22/06/2021

RL Para quem está se preocupando, se interessando agora sobre a sua gestão no CAU. Queria perguntar, quais são as bandeiras, na sua opinião, as maiores prioridades que você pretende realizar nesse biênio à frente do CAU?

NS A pergunta que você me faz é também uma alegria, porque eu acho que a gente precisa nesse momento tão desalentador achar ilhas de encantamento, e eu tenho muita esperança no Conselho de Arquitetura e Urbanismo do Brasil, de poder trazer a contemporaneidade para a usual burocracia dos conselhos. Eu acho que o Conselho protege a sociedade e, é importante, tem uma função social para isso, mas a gente quer dar um outro tom. Além de trazer o CAU pra contemporaneidade, a gente está buscando atender aos arquitetos. Nós somos 200 mil arquitetos e arquitetas. Na sua maioria, 63% dos arquitetos do Brasil são mulheres. Então, nada mais justo que ter uma presidente. Isso é uma questão, mas nessa nossa gestão, nossa marca de gestão, além de trazer o CAU para a contemporaneidade, é atacar aquilo que o Brasil precisa. Nós temos 25 milhões de moradias insalubres no nosso país. Nós temos um terço das cidades precárias. Nós temos 40 milhões de moradias a serem construídas nos próximos anos. Nós temos uma estatística de que 85% das edificações no Brasil são construídas sem arquitetos e sem engenheiros. Então, veja como esse quadro nos leva a ter uma marca na nossa gestão, que é procurar melhorar a vida da população. Aquela coisa de vai para casa quem tem casa. Tem casa que não tem nem banheiro. Então, nós temos uma lei desde 2008, que é a Lei de Assistência Técnica para Habitação de Interesse Social. Em 2010, o CAU foi criado e, em 2016, o CAU resolveu que 2% do seu orçamento tem que ir para essa Lei de Athis. Vamos chamar assim, essa Lei de Assistência Técnica, Lei de Athis. E tem Conselho que não consegue gastar, nós vamos fazer uma produção em massa, vamos fazer um ganho de escala e vamos tentar melhorar com os conselhos estaduais as moradias. Uma grande parceria com gestores públicos, com governos de estado, com municípios, com movimentos sociais, e nós vamos melhorar a vida da população mais pobre, que nessa pandemia não tem casa para voltar, não tem banheiro e precisa melhorar suas condições de vida. Então, essa é a marca da nossa gestão. Nós temos outras marcas. Eu acho que a questão de gênero, é algo que eu me preocupei. Eu fui reeleita conselheira federal. Na gestão anterior, eu era conselheira federal por São Paulo. Eu tive três objetivos: apoiar o Congresso; planejar um pouco, não consegui muito, agora sim nós estamos planejando, dando um norte para o Conselho; e aumentar a representatividade feminina. Nós criamos na gestão passada, uma comissão de equidade de gênero. Fizemos um diagnóstico para verificar a inequidade de gênero entre arquitetas. Então, foi muito interessante verificar, e se aprende muito com as arquitetas jovens. Eu venho num aprendizado muito legal, estou muito encantada com o que eu aprendi com as minhas amigas arquitetas mais jovens. Porque eu mesma não percebia como essa questão de gênero é importante. Mas como é que a gente vai conseguir fazer, voltando à nossa marca? Primeiro estamos sensibilizando a população que precisa dessa assistência técnica, que ela tem o direito de pedir para as prefeituras, de se organizar com movimentos sociais e ter apoio nos conselhos, conselhos municipais, conselhos estaduais, no conselho nacional para melhorar sua moradia. Então, é uma coisa muito legal. Começamos uma campanha com influenciadores, conselheiros que mostram para a população seus direitos. Vamos fazer depois uma sensibilização dos gestores, e no congresso UIA 2021, que vai acontecer em julho, nós vamos apresentar esse nosso primeiro passo para conseguir primeiro sensibilizar a população, não só os mais pobres. Se 85% das edificações são feitas sem engenheiros e sem arquiteto, eu acho que a população brasileira não conhece a importância do nosso ofício. Hoje de manhã, estava no debate para candidatos a presidentes da União Internacional de Arquitetos e uma das perguntas para os candidatos foi: "O que vocês vão fazer no nível nacional e mundial para mostrar à população que vai ao dentista, que vai ao médico recorrentemente, cotidianamente, que ela precisa também de um arquiteto, constantemente?". Então, olha Raul, nossa tarefa é imensa, o desafio é grande, mas eu conto com o coletivo de conselheiros, e de presidentes de conselho, e de conselheiros estaduais que estão nessa mesma cruzada de mostrar a que viemos. É um coletivo que vai mudar a vida da população, os arquitetos podem fazer isso, é isso que a gente está trazendo de novo.

RL Você deu uma deixa, porque eu esqueci de falar na introdução, que o CAU surgiu aí depois de décadas de reclamações e pressão da categoria para que a arquitetura tivesse um conselho só seu e saísse aí dos braços do Crea, Conselho de Engenharia. E nesses últimos anos, o CAU ainda relativamente jovem, mas já tem aí a história de uma década, muitos arquitetos se tornaram céticos. Quando eu falei nas minhas redes que eu ia te entrevistar, mais de um, mais de uma arquiteta falou: "Ainda não sei para que o CAU serve, o CAU não mudou muito". Aliás, até fizeram um paralelo, que o CAU lembra o falecido Ministério das Cidades, que no nome é muito positivo e muito empolgante, mas que a prática foi decepcionante. Queria te perguntar, por que ainda tem muita gente que acha que o CAU não entregou grandes mudanças? Ou seja, que coisas o CAU ainda deve para a categoria? E no que você acha que já houve um grande progresso, ainda que muita gente não saiba?

NS Bom, o primeiro progresso foi ter saído do Crea e eu acho que semana passada, eu tive reunião, fui pra Brasília depois de quatro meses e meio aqui confinada em Higienópolis, gerindo o CAU e 121 funcionários, daqui de dentro do escritório. Eu fui para Brasília falar com deputados, senadores – já vacinei, por isso que eu pude ir – e com alguns funcionários que estavam lá, porque é muito difícil. Eu sou uma gestora tradicional, eu tive que aprender a fazer uma gestão remota, que é mais complicado, mas na semana passada eu tive olho no olho com alguns funcionários, que é mais fácil eles entenderem o que eu tô pedindo, mas enfim, estamos trabalhando nisso. Voltando à pergunta, o CAU passou dez anos se consolidando, os engenheiros não gostaram muito. Estive na semana passada, em Brasília, com o presidente do Confea e busquei uma aliança, porque engenheiros e arquitetos são necessários juntos para esse país. Não tem briga. Eu considero, e não sou a única, que os conselhos em geral estão no século 19, todo o regimento, todo esse trabalho voluntário, você sabe que esse nosso trabalho é voluntário? Nós não recebemos salário, recebemos diária. Quando eu fui para Brasília, paguei hotel, recebi diária, pagaram a passagem, que aliás, está caríssima, mas enfim, nosso trabalho é voluntário. Então, eu estou aqui enlouquecida, porque eu sou professora do Mackenzie, sou pesquisadora de produtividade do CNPQ, mas estou fazendo um trabalho voluntário, que só é possível porque eu tenho condições, tenho o salário do Mackenzie, tenho minha atividade profissional que permite eu dar mais horas, dar horas voluntárias para melhorar o Conselho. Então, primeiro o CAU se constituiu. Eu fico horrorizada, quando eu era conselheira, eu ficava horrorizada com os ritos, com a lentidão, com a falta de objetividade das reuniões, com a demora para conseguir resultados, então desde janeiro, fizemos um plano de 100 dias, temos um norte, metas a serem atingidas e vamos fazer um planejamento, a revisão do planejamento, que para o meu gosto, ainda era muito "pra inglês ver", muito genérico e, se consolidando. Também temos críticas ao sistema (Siccau) que é muito bom, reconhecido no mundo inteiro como um sistema importante, mas que está dando problema de atualização. Então, nossa tarefa zero nesses meses foi entender esse sistema e por que ele não está atendendo aos arquitetos. Por isso a reclamação, que você deve ter ouvido, porque teve problema no sistema, nós estamos atualizando, precisamos de recurso para isso, estamos vendo como a gente consegue recurso. Os regimentos são praticamente iguais aos de demais conselhos, que foram criados na década de 1940.

RL Você poderia dar um exemplo do quê, do século 19 ainda é um obstáculo para você? Até porque acho que muita gente não deve saber disso.

NS A burocracia, o regimento, a lentidão, a falta de objetivos, a falta de clareza onde chegar, isso tudo pra mim é coisa pré-fordista.

RL Mas são obrigatórios, não dá para passar por cima disso?

NS Foram obrigatórios, o regimento foi constituído aos moldes dos outros conselhos. Então, nós estamos querendo melhorar, simplificar e mostrar que nós temos que ter metas claras para poder conseguir resultados. Não basta fazer reunião, tomar chá, porque o trabalho é voluntário, a gente vai ficar constituindo o Conselho, enfim, teve um trabalho, um esforço muito grande, mas a gente quer mais. A gente quer resultado, a gente quer dar uma característica mais social para o nosso Conselho de Arquitetura. Queremos atender aos arquitetos, pensar nos arquitetos que estão com o trabalho precário, vamos pensar em como é que a gente vai melhorar. Agora, não dá pra fazer isso em cinco meses, estamos ainda trabalhando nessa perspectiva. Eu fui em um programa de televisão e falei "volto daqui três anos para mostrar resultados, estamos planejando, quero resultados". Eu acho que os cargos públicos, e mesmo os cargos acadêmicos que eu me dediquei a contribuir, obtiveram resultados e eu espero que eu consiga, nessa perspectiva de caráter mais social, de necessidade, de melhorar, de trabalho para os meus alunos, que eu estou formando há tantos anos. Sou professora há 35 anos. Meus alunos não podem só pensar em ser só estrelas da arquitetura, se tem um trabalho, se tem 40 milhões de residências, de edificações a serem construídas, tem trabalho para os nossos alunos que estão se formando. Agora, tem 785 escolas de Arquitetura no Brasil inteiro, que qualidade de arquiteto a gente tá formando? A gente tem que formar arquitetos que atendam às necessidades do país, não só pensem em fazer arquitetura para a elite. Nós temos que, aquilo que eu falei em outra entrevista, ter arquiteto pé no chão, arquiteto que faça o que o Brasil necessita.

RL Como conciliar arquitetura de qualidade, sem sacrifícios ou resultados, com uma lei, a famosa

Lei 8.666. Como dá para fazer, ou seja, colocar arquitetura nas concorrências públicas, quando o preço baixo parece ser a regra?

NS Pois é, isso tem que mudar. Eu conto com o bom senso dos nossos governantes, que aprovaram uma lei de licitação e a questão do preço. Preço e qualidade, a gente tem que pensar que a qualidade tem que prevalecer, mas acho que isso, na questão, nós temos coisas básicas a atender. O Rio Grande do Sul é um exemplo, o Conselho lançou uma campanha, que eu acho que tinha que ser nacional, Nenhuma Casa Sem Banheiro, já pensou? Eu acho que, os que vão assistir o nosso podcast aqui, não imaginam que tenham casas sem banheiro. Tem gente que teve banheiro com 14 anos, tem os depoimentos que a gente está ouvindo, são realmente muito emocionantes. E eu acho que a gente tinha que começar aos poucos, melhorando com qualidade e não com lei de licitação. A gente tem que ter uma escala grande, mas trabalhar o micro, num local, na moradia das pessoas, que precisam do arquiteto e da arquiteta.

RL Nós temos que lembrar que, mesmo as casas que têm banheiro, em muitas há a impossibilidade do distanciamento. Tanto se falou do distanciamento na pandemia, mas dez pessoas num casebre de 50 metros quadrados, não há, mal cabem os beliches, quanto mais o distanciamento. Mas você falou que esteve em Brasília, falando com deputados e falando com políticos. Você não acha que falta justamente esse trabalho de bastidores dos arquitetos com o poder público? Ou seja, pintou uma mudança na legislação, por exemplo, exibição de cinema, de produção, de lei do audiovisual, você vê aquelas caravanas de produtores e cineastas indo para Brasília. Os arquitetos ainda não fazem esse trabalho de bastidores com mais agressividade?

NS Foi o que me falaram nas múltiplas conversas que eu tive no Congresso, na semana passada, que as demais profissões se mobilizam e aí eu brinquei com meus colegas de Conselho, que começamos uma cruzada, e os conselhos estaduais têm que se mobilizar para mostrar. Não basta a presidente ir lá para conversar com um e outro. Fui acompanhada do coordenador do fórum de presidentes, de conselhos estaduais, então nós vamos ter uma reunião essa semana para mostrar que todo mundo precisa se mobilizar e eu acho que a sensibilização, também dos políticos, é muito importante. E nós, que somos pesquisadores da política habitacional, você sabe que eu pesquiso a verticalização desde o final dos anos 1970, há mais de 40 anos que eu estou estudando o crescimento vertical de São Paulo. Eu estudei, pesquisei como Anhaia Melo, como os formadores de opinião formularam legislações que elitizaram nosso crescimento vertical, então a gente tem que mobilizar também os pesquisadores que acham que o Conselho não é importante. Amanhã, eu vou fazer uma aula inaugural de uma escola, aqui no estado de São Paulo, uma escola de arquitetura, porque os alunos não sabem o que é o CAU e é importante mobilizar os conselhos para que os arquitetos, para que a legislação não pise na bola, como foi a Lei 5.261, de 1957, que elitizou os apartamentos com a cota mínima e os coeficientes mais baixos, que reduziram a possibilidade de verticalizar em um lote, com coeficiente 6 e 4 e produziram apartamentos grandes de 210 metros quadrados, de 140 metros quadrados, que a gente acha lindo, nos bairros tradicionais aqui do Jardins e de Higienópolis principalmente, que são apartamentos que todo mundo quer, porque são grandes, mas que excluíram do mercado uma fatia da população, que até então morava em quitinetes. Isso é a pesquisa que mostrou que uma legislação produziu a exclusão dos mais pobres, e nessa pandemia, o que a gente vê, eu estava ouvindo o Emicida falando que, a pandemia, ela acelerou, escancarou, ampliou as desigualdades. Então, nossa legislação produziu uma política habitacional para a elite. O Emicida não gosta muito da elite, mas é para a elite. E excluiu os mais pobres. O Anhaia Mello, em um recorte de jornal, nos anos 1950, falou que não podia uma família morar em uma quitinete, que é um apartamento pequeno. Hoje, a gente chama de estúdio, de flat, e que tem, agora, eu estava olhando apartamentos de 25 a 29 metros quadrados caríssimos, R$ 600 mil, eu falei: "Gente, como custa caro", mas enfim as quitinetes eram alugadas para as famílias que não puderam mais, porque não foram mais produzidas quitinetes depois dos anos 1950, precisamente foi 1957, e aí cresceu o número de favelas, o número de loteamentos clandestinos, periféricos, que oneram a população, no tempo que elas precisam circular, e que com essa pandemia, não tem. Eu estava vendo, agora, que vão fazer antenas. A ideia é que essas antenas melhorem as conexões na periferia. Então, a gente precisa pensar nessa mobilidade e nessa inclusão nas políticas públicas. Eu acho que a pesquisa me deu elementos. Minha trajetória de pesquisadora me dá elementos para pensar o que fazer no Conselho.

RL Você tocou em vários pontos importantíssimos nessa conversa. Nós temos que lembrar aqui, nos anos 1950, um time dos sonhos da arquitetura nacional, Rino Levi, Niemeyer, projetou quitinetes, ou seja, os arquitetos de fato faziam apartamentos compactos com boas plantas e mais importante, em áreas centrais, em uma época que nem existia metrô ainda, então você podia morar perto do trabalho, morando em quitinetes e, é irônico que muita gente que viva em apartamentos de 200 metros quadrados tenha horror a esses estúdios, ignorando que o estúdio não é para você que mora no de 200 ou 300 metros quadrados, né?! Nem tudo é sobre a gente. Aliás, todas as vezes que o mercado produziu quitinetes ou estúdios, a procura foi enorme. O que comprova que tem muita gente que não pode pagar pelo de 200 metros quadrados, mas quando tem um de 30 ou 40 metros quadrados, ele corre para pegar. Isso é muito importante. Outra coisa importante que você falou, é bom lembrar que essa lei é de 1957, porque muita gente ou culpa o Juscelino Kubitscheck, ou principalmente a ditadura militar, por essa "carrocracia" e acha que o espraiamento das cidades apenas foi pelo carro. Em 1957, em São Paulo, até a elite não tinha carro, ou burguesia. Então, essa nossa elitização, aburguesamento, do mercado imobiliário veio antes do carro, né?! Tinha aquela coisa de que as quitinetes eram antifamiliares, ou seja, ainda como um moralismo bastante grande. A gente tem que lembrar aqui que tanto Nadia quanto eu somos de família de imigrantes e todo mundo que está nos assistindo ou nos ouvindo, deve lembrar que seu avô ou bisavô já morou em um quarto de pensão, até menor que a quitinete, porque não havia banheiro para todo mundo. Então, era bastante mais democrático. Mas vamos aproveitar que você falou isso, da postura do arquiteto, ou seja, não é apenas algo federal, não é algo apenas a Nadia em Brasília, né?! Os arquitetos, estadualmente e municipalmente, também deveriam fazer essa pressão. Você teria algum exemplo bom, nesse sentido de arquitetos organizados em alguma capital, em alguma cidade, ou em nível estadual? Que tenham aí conseguido implementar uma agenda ou de mais reconhecimento, de mais diálogo, seja no mercado imobiliário, seja no poder público?

NS Eu tenho, vou contar já para você, mas eu quero complementar essa questão de 1957. Outro dia, uma aluna da pós-graduação estava falando da história da política habitacional. Aí eu falei, a história da inexistência de uma política habitacional com inclusão social, e o BNH, junto com a ditadura, criou o fundo de garantia por tempo de serviço e produziu habitação. O Banco Nacional de Habitação foi criado para produzir habitação para todo mundo, mas a solvabilidade, ou seja, quem podia pagar foram as classes médias urbanas, que compraram seu apartamento. Minha família comprou um apartamento, quando eu era pequena, com o BNH, com os financiamentos do BNH e o boom do São Paulo nas alturas, que cresce a nossa curva de crescimento vertical, foi para as classes médias urbanas e os mais pobres não tiveram inclusão. Então, foi um reforço nos anos 1970, o Banco Nacional de Habitação, mas eu conheço sim uma mobilização. E aí eu quero mencionar a nossa colega arquiteta, Ermínia Maricato que percebeu que os movimentos sociais, a melhoria das cidades depende não só do governo federal, dos governos estaduais e municipais, mas depende da população. Então, ela ajudou a criar essa rede que se chama "BR Cidades". Ela começou, já há alguns anos, e criou vários núcleos que possam refletir sobre as transformações e as políticas públicas, as políticas urbanas. Então, isso é muito importante. Tem outros movimentos sociais, mas eu acho que esse exemplo é uma rede nacional e, eu acho que os arquitetos e a professora Ermínia Maricato, ela teve a sensibilidade de perceber que nós somos necessários, sim. E ela começou esse trabalho de formiguinha, aos poucos, e tem várias cidades, vários estados, que compõem essa rede BR Cidades. Então, eu acho que esse é um exemplo, mas no Conselho nós também temos várias ações que vamos buscar replicar nas melhores práticas e eu acho que estou muito esperançosa. Nesse momento que a gente ouve os psicólogos dizerem que está todo mundo ansioso, que está todo mundo angustiado, eu estou também com tudo que está nos acontecendo nesse retrocesso civilizatório que a gente está vivendo, essa desregulamentação geral do mundo. No Brasil, eu acho que a esperança de conseguir fazer algo coletivo, empenhado, com todos os arquitetos na sua representação do Conselho é um alento. Então eu estou muito animada, embora os nossos arquitetos não tenham percebido mudanças, aos poucos, essas mudanças vão aparecer. Tenho esperança disso.

RL Falando de mudanças, você é a primeira presidente mulher do CAU Brasil. Eu me lembro que a Rosa Kliass há pouco foi a primeira mulher, ainda, a ser homenageada pelo IAB Brasil, o colar aí nacional, e surpreendentemente a maior parte dos arquitetos do Brasil em atividade é de mulheres e nas universidades então, nem se fala. Algumas, dois terços dos alunos de Arquitetura são mulheres. Por que demorou tanto para esse clube do bolinha abrir um pouco mais de espaço? O que aconteceu nessa relação de poder em uma área como a gente falou numericamente já tão feminina?

NS É necessária uma sensibilização de homens e mulheres a respeito do que é possível ser feito. Nós fizemos um ciclo de debates, pelo Brasil inteiro, nesta comissão de equidade de gênero que a gente criou. Fizemos um ciclo de debates e eu fui em um só porque todas as conselheiras se dividiram, mas eu fiquei muito, muito emocionada com os depoimentos. As arquitetas que são parceiras de grandes nomes da arquitetura ficam atrás do grande homem né, porque atrás de um grande homem tem sempre uma grande mulher. As mulheres se contentaram, até agora há pouco, com pouco crédito do seu trabalho. A gente não batalhou pelo crédito, mas eu acho que nesse momento, a gente quer compartilhar, a gente gosta muito dos homens, quer compartilhar com eles. E eu acho também que nós temos a primeira presidente também do IAB, o IAB tem cem anos e tem a primeira presidente, Maria Elisa Baptista, também em uma perspectiva de mudança. Também de poder aceitar que as mulheres, também, podem liderar e tem diferença a liderança feminina. Nós somos diferentes. A gente escuta mais, a gente compartilha mais e tem uma gestão mais horizontal. Os homens não percebem isso e é muito engraçado. Em reunião que eu faço, quando eu não sou a presidente, eu sugiro encaminhamento, se tem algum homem, ele primeiro ouve, mas não escuta. Depois, propõe a mesma coisa que eu falei e isso acontece com todas as mulheres. Então, nós temos uma paciência de Jó com vocês meninos e estamos querendo mudar porque acho que a gente tem a objetividade, a gente tem celeridade, a gente tem acolhimento, então a liderança feminina é acolhedora. Nesse momento estamos precisando de acolhimento, todos nós. O país precisa de um acolhimento e eu acho que as mulheres sabem dar isso.

RL Entendi, mas uma coisa que eu tenho que perguntar. Durante a pesquisa do São Paulo nas Alturas muita gente me perguntou sobre as mulheres da época. É óbvio que nos anos 1950 e 1960, uma parcela muito pequena das mulheres chegava à universidade, por mil razões, e de fato, chegando ali na universidade, ainda que ela não tenha atuado no mercado imobiliário e se tomar aí a Bardelli, que era um raro caso em que ela e o marido assinavam como Siffredi & Bardelli, então ela não ficava à sombra do marido. Eles dizem que, muito pelo contrário, o grosso dos desenhos da Galeria do Rock, do Hotel Hilton, são dela e não do Ermanno. Mas o que eu também tive a impressão é que já havia muitas mulheres no paisagismo, muitas mulheres na arquitetura de interiores e que essas áreas eram, meio que, escanteadas na hora da divulgação, na hora da publicação e até na política da arquitetura. Como até hoje, ainda há uma grande representação feminina no paisagismo, na arquitetura de interiores, na decoração. Você acha que isso também afeta? Ou você acha que os arquitetos já reconhecem a importância do paisagismo, a importância da arquitetura de interiores e o sucesso inegável de muitas mulheres nessas áreas?

NS É importante a gente fazer um recuo e verificar que nós mulheres, desde 1932, quando conseguimos o voto feminino, e nos anos 1960 quando pudemos incentivar a ida nas universidades e aos vários movimentos de melhoria das condições de trabalho e de perspectiva femininas. Vamos dizer que é recente né?! A Lei Maria da Penha, a violência contra as mulheres que a gente vê, que ocorre isso. Então, acho que tem esse plano de fundo. Segunda questão, os homens estão agora, muito mais, compartilhando as tarefas do lar. Nesta pandemia, a gente está vendo isso. A maternidade não dá para compartilhar, mas os homens compartilham os trabalhos posteriores ao nascimento das crianças. Então isso tudo é novidade né?! Isso tudo é algo novo. Então, isso possibilita às mulheres assumirem um protagonismo. Nós estamos com vários pesquisadores. Nossa vida na academia mostra que várias mulheres estão se interessando, tem várias e, agora eu vou falar da professora do Mackenzie, Ana Gabriela Godinho Lima, que está fazendo um trabalho sobre mulheres arquitetas. Estamos fazendo várias pesquisas para ver como é que as mulheres trabalham. A gente está vendo também, no mundo inteiro, as mulheres reclamando que o marido ganha o Pritzker e elas nem foram mencionadas. Não vou citar nomes aqui, mas é conhecido o fato. Fora isso, várias arquitetas ficaram atrás. Agora, acho que todo esse movimento nos dá possibilidade. E quero dizer que não são só os homens que não percebem o machismo. As mulheres também precisam ser sensibilizadas, elas não percebem. Eu posso dar um depoimento pessoal, eu mesma não percebia o machismo ao meu redor. Eu sentia um mal-estar, mas não percebia. Eu acho que ao longo desses últimos anos, é que tenho me sensibilizado, e acho que outras mulheres também estão passando por esse processo.

RL Entendi. Eu quero aproveitar o último chapéu da sua experiência, que é justamente da preservação da história. O Brasil, às vezes, parece que tem pêndulos, eu diria que um tanto violentos, né?! Durante muito tempo, se reclamava que o patrimônio histórico era muito lento, muito devagar. Eu fiz um vídeo, recentemente, com um empresário lá da cidade de Matarazzo que fala de como ele passou por vários presidentes do Condephaat e, agora, governo Bolsonaro, parece que um pastor tem mais chances de ter algum cargo no Iphan, do que alguém que entenda e estude o assunto. Na sua opinião, claro, a sua gestão foi bastante pré-bolsonaro. Você acha que os departamentos de patrimônio histórico estão nesse caminho de simplificar e desburocratizar? Ou você acha que tem muito para avançar nessa área?

NS Eu acho que temos que avançar, acho que na minha gestão eu percebi a importância do patrimônio como uma questão urbana. Eu acho que isso é super importante para a gente não desvincular o crescimento vertical, nós que amamos os edifícios, das intervenções de valorização do patrimônio.

RL Nós temos que lembrar que uma das obras mais premiadas da arquitetura paulistana, recente, é da Pinacoteca, onde você tem um prédio histórico tombado. Houve uma intervenção forte, não foi aí uma intervenção cosmética do Paulo Mendes da Rocha e ambos saímos ganhando, quem gosta de arquitetura moderna e contemporânea, e quem gosta de preservação. Acho que ninguém choraria as pitangas pelo que foi feito ali, na Pinacoteca.

NS E o Sesc Pompeia, que quando eu fui para França discutir as jornadas do patrimônio, que nos inspiraram aqui a criar a jornada do patrimônio. Eles me lembraram que a intervenção contemporânea da Lina no patrimônio histórico é icônica no mundo. Eu acho que não é à toa que ela está ganhando medalha em memória. Eu acho que quando eu era conselheira, antes de ser presidente do Conpresp, eu era representante do IAB e eu levava essa postura. O patrimônio é presente e futuro, é a base do futuro, é a nossa memória. Portanto, podemos fazer intervenções contemporâneas. Não basta só restaurar. Então, nessa perspectiva eu acho que temos muito que avançar. Entender que o patrimônio é uma questão urbana. A cidade precisa valorizar sua memória sem congelar e só restaurar. Temos que reviver e valorizar o patrimônio.

RL A gente precisa, mais do que nunca, de projetos bons. Eu acho que, infelizmente, muitas vezes, pegar o patrimônio histórico e fazer um projeto ruim, você reforça as pessoas mais conservadoras com "não, não, não quero nada do século 21 aqui", mas o problema não está no século 21. O problema está na má qualidade. Má qualidade de projeto aconteceu acho que em todos os séculos. Teve um episódio, aliás na época que você estava no Conpresp e agora a gente vai inaugurar aí, mês que vem, o Parque Augusta, que vai se chamar Parque Bruno Covas. Na sua opinião, o que aconteceu naquela época, achavam que você não estava preservando suficiente ou você acha que, apesar de ter acontecido há vários anos, foi um cancelamento violento, antes que esse termo fosse batizado?

NS É, eu acho que foi um mal-entendido porque o ativismo, às vezes, ele pode ser violento e foi comigo. Mas eu acho que o ativismo é importante para conseguir as coisas, eu acho que isso é o mais importante. A lição que a gente aprendeu do Parque Augusta é que sim, mobilizem-se, mobilizem-se, mas não agridam as pessoas que podem ser aliadas. O que a gente queria era resolver a questão financeira com a perspectiva de verticalização mínima, mas eles não queriam. Queriam o parque, e eu também, como quero e fico satisfeita que tenham conseguido. A ideia era conseguir os recursos sem grandes gastos para a prefeitura. Então, acho que a lição que fica é muito positiva. O ativismo vence, mobilizem-se cidadãos, mas não rasguem livros, não agridam pessoas, e a democracia tem que ter o respeito com as pessoas. Eu acho que esse foi o problema que eu vislumbro, mas ao longo do tempo, depois que a gente pôde refletir sobre a experiência, é muito positiva. A mobilização é importante, só que não passando por cima das pessoas.

RL Claro. A gente tem que lembrar, acho que pouca gente sabe, os conselheiros do Conpresp, eles não recebem salário. São pessoas que estão ali e dependendo do que assinarem, ainda podem ser processadas na pessoa física pelos seus atos. E, naquela época, me corrija professora, as pessoas que invadiram a sala de autógrafos e rasgaram livros não eram bolsonaristas. Rasgar livros vamos deixar para uma pequena minoria. Acho que o ato de rasgar livros, ao longo da história, é algo assustador e não é um bom exemplo. Porque se a gente reclama corretamente da violência hoje, da milícia cloroquiner, a gente também tem que reclamar dos que não são cloroquiners, mas que aí, quase intimidaram a Somekh. E era um caso raro, ou seja, alguém que gosta do patrimônio, luta pela preservação, sendo atacada como se fosse contra o parque ou a preservação.

NS Onipotência da juventude, então às vezes o ativismo tem isso, mas já estão perdoados. Nós vamos ganhar o parque, nós vamos em frente.

RL Maravilha! Por último, eu imagino que muitos arquitetos, que estão nos escutando, devem se perguntar: "E eu? Como posso fazer, no dia a dia, para divulgar, ou para lutar por esse status que a arquitetura precisa ter maior, em um país como o Brasil?". Aliás, onde a arquitetura já teve um status tão grande que foi capaz de desenhar uma capital do zero. Então, o que você sugeriria para o arquiteto profissional que acha que poderia contribuir com essa visibilidade da profissão?

NS Mobilizem-se e façam boas arquiteturas, de qualidade, e se responsabilizem por aquilo que fazem. Então, outro dia a gente estava vendo um processo de ética em que o arquiteto copiou da internet um projeto e replicou. Então, não dá. Nós estamos formando que tipo de aluno? Nós estamos formando arquitetos cidadãos. As escolas de qualidade precisam ser valorizadas e agora, com esse ensino a distância que está aprovado. O problema não é o ensino a distância. A tecnologia, mais do que nunca, é importante para a gente dar aula nesse Brasil continental. O problema é que nós temos mais de 800 escolas que a gente não conhece a qualidade. Então, a gente quer melhorar as condições de ensino de formação para os nossos arquitetos. Fazer residência como na medicina e mostrar, eu acho que os arquitetos têm que mostrar para a sociedade que nós somos tão importantes quanto os médicos, como os advogados e, eu acho, que é isso que a gente precisa sensibilizar. Nós temos que fazer essa corrente, esse exército de 200 mil arquitetos tem que mostrar para a população brasileira o quanto nós somos necessários, o quanto precisam do nosso ofício nesse país.

Nadia Somekh fala sobre moradias precárias e Athis

Resenha da entrevista de Nadia Somekh concedida ao canal MyNews

1 Canal MyNews, 13/06/2023

Os impactos das moradias precárias no Brasil e a Assistência Técnica em Habitação de Interesse Social – Athis[1] foram os temas principais da entrevista concedida pela presidente do Conselho de Arquitetura e Urbanismo do Brasil – CAU Brasil, Nadia Somekh, veiculada nesta terça-feira, 13 de junho de 2023, para o *MyNews Entrevista*.

Na ocasião, Nadia falou que é preciso melhorar as casas dos brasileiros que são construídas sem projeto e sem qualidade. "No país, 82% das edificações são feitas sem arquitetos e sem engenheiros. Como pesquisadora da questão da verticalização, eu constatei que a regulação urbanística excluiu os mais pobres das cidades. O resultado disso são 25 milhões de moradias precárias no Brasil. Isso tudo nos dá uma linha de trabalho que já é histórica. Desde 2015, no Conselho de Arquitetura, temos recursos de 2%, no mínimo do nosso orçamento, destinados para a Athis, uma lei que existe desde 2008 e é um direito da população."

A Lei Federal nº 11.888/2008, conhecida como Lei da Assistência Técnica para Habitação de Interesse Social, garante que famílias com renda de até três salários-mínimos recebam assistência técnica pública e gratuita para a elaboração de projetos, acompanhamento e execução de obras necessárias para a edificação, reforma, ampliação ou regularização fundiária de suas moradias.

Ela explicou durante a entrevista concedida para a jornalista Mara Luquet que o CAU Brasil está fazendo gestões junto ao governo federal. "Foram 230 ações com 23 milhões investidos pelo Conselho, mas é pouco. Precisamos de escala e sensibilizar a população e os governos. Estamos propondo algo que é um pouco utópico, mas não é impossível de acontecer. A ideia é que em cada posto de saúde tenha um escritório de arquitetura. O profissional de arquitetura pode trazer saúde junto ao SUS para a população, principalmente, de baixa renda. Nós estamos na cruzada de ganhar escala e isso só será possível com a política pública voltada para esse grande contingente de 25 milhões de moradias precárias, mas isso não se faz isoladamente. A gente precisa desse arranjo complexo que vem de uma política nacional e ao mesmo tempo que se articula com governadores, políticas habitacionais regionais e políticas locais que têm que ter a articulação das escalas de governo e a articulação das diversas forças sociais. Melhorar a vida da população mais pobre é um fator de desenvolvimento importante porque gera emprego, economia, venda de material de construção, de projetos e riquezas. Então não é só produzir habitação popular, mas precisa aumentar a escala de ação de produtividade com a população que mais precisa", destacou.

2

Nadia ainda falou sobre o projeto CAU Educa[2], uma iniciativa do Conselho de Arquitetura e Urbanismo do Brasil, que desde 2018 busca por meio de um programa de educação continuada a longo prazo a construção de uma consciência urbana e ambiental no ensino fundamental. "Além da nossa missão que é de fiscalizar, de proteger a sociedade, a gente tem essa perspectiva de financiar a Athis e, mais que isso, financiar o CAU Educa que é como sensibilizamos as crianças nas escolas com os professores. Nós temos editais para que eles possam se apropriar da possibilidade de melhorar o seu ambiente, o seu patrimônio, a sua cidade e seu bairro."

Moradia digna para todos

Por meio do programa PPA Participativo, o CAU Brasil e o Instituto de Pesquisas Econômicas Aplicadas – Ipea apresentaram a sua proposta de onde o governo deve gastar parte dos 2,5 bilhões de reais previstos para o programa. O PPA Participativo visa ampliar a participação social e o controle democrático das políticas públicas.

A proposta do CAU Brasil consiste em garantir moradia digna, saúde do habitat e ampliação da economia popular com projetos e reformas de moradias precárias. O programa viabiliza investimento público e privado para ações de Athis, com foco nas comunidades de baixa renda.

Objetivo dessa estratégia é fortalecer a capacidade institucional dos municípios, capacitar profissionais e assegurar a participação social.

Nadia Somekh faz avaliação de sua gestão e comenta Plano Diretor de São Paulo

Entrevista com a presidente do CAU BR, Nadia Somekh, para a Revista A&U

Revista A&U, Ed. 337, setembro de 2023

AU Há uma equidade de gênero no setor da arquitetura? E em cargos de gestão na construção civil?

NS Há desigualdade de gênero na sociedade brasileira e, portanto, seria difícil esperar outro cenário na arquitetura e na construção civil. Para confirmar nossa hipótese, realizamos em 2019 importante pesquisa, o 1º Diagnóstico de Gênero na Arquitetura e Urbanismo, a partir de levantamento respondido por cerca de mil profissionais. Do total dos entrevistados, 82% das mulheres e 65% dos homens afirmaram que o CAU BR deve promover a equidade de gênero. Apesar de não surpreenderem, pois se assemelham ao retrato da desigualdade de gênero que caracteriza a sociedade brasileira, as respostas sinalizaram a urgência de se efetivar políticas e ações que primem pela igualdade em todas as instâncias da Arquitetura e Urbanismo. Demonstra, ainda, que o debate sobre a inequidade de gênero extrapola os limites da profissão e precisa ser levado para outras instâncias da sociedade.

O levantamento realizou um recorte racial relacionado a tipos de assédio (sexual e moral); violência sexual e discriminação de gênero no trabalho, revelando a maior inequidade de todo o diagnóstico: 59% das mulheres negras entrevistadas declararam sofrer discriminação de gênero, contra 8% dos homens brancos; 47% delas foram assediadas moralmente e 21% enfrentaram o assédio sexual, que "é qualquer ato sexual ou tentativa de obtenção de ato sexual por violência ou coerção, comentários ou investidas sexuais indesejadas".

O perfil salarial dos entrevistados foi outro dado pesquisado, mas também nesse campo as diferenças são alarmantes. Os arquitetos brancos são maioria na faixa de mais de 13 salários-mínimos, ganhando pelo menos 13 vezes mais do que as arquitetas negras. Elas ainda representam o maior contingente de desempregados entre os entrevistados.

A relação da responsabilidade da maternidade/paternidade com o exercício profissional entre os entrevistados também foi questionada e demonstrou que mulheres negras e brancas enfrentam os maiores obstáculos para equacionar o trabalho com o cuidado dos filhos. Os dados mostram que 40% das mães são responsáveis a maior parte do tempo, principalmente pelos filhos de 0 a 4 anos. Entre os homens, 54% afirmaram que essa relação interfere muito pouco no trabalho.

Atento a este quadro, o CAU vem promovendo uma série de iniciativas, como a criação de comissões para proporem e executarem políticas afirmativas, descontos em anuidade para gestantes e, mais recentemente, uma campanha contra o assédio moral. Temos um longo caminho a percorrer.

AU Quais as principais conquistas da sua gestão do CAU BR?

NS Antes de mais nada, estamos convencidos de que deixamos nosso CAU e a presidência, no final do ano, com a consciência de que promovemos uma gestão democrática coletiva. Opiniões diversas existem, o que é bom, elas foram consideradas e debatidas até um consenso da maioria do Plenário. Incentivamos a transversalidade entre as Comissões, o trabalho cooperativo e coletivo. Isso pôde ser realizado desde o primeiro dos 110 dias da gestão com o planejamento estratégico para definir coletivamente as diretrizes gerais a serem priorizadas.

Entre os muitos resultados concretos de nosso trabalho, tivemos a conquista da inclusão de melhorias habitacionais no programa Minha Casa, Minha Vida – MCMV, que fará o maior investimento em habitação social dos últimos anos. Essa política pública de Assistência Técnica em Habitação de Interesse Social – Athis para promoção da habitação digna impacta diretamente na saúde das pessoas e, por consequência, na saúde pública do Brasil, afetando a vida de todos.

Desde o começo de 2021, o CAU Brasil defendeu a criação de uma política nacional que coloque em prática, em escala nacional, a Lei de Assistência Técnica em Habitação de Interesse Social (Lei Nº 11.888/2008, que completa 15 anos em 2023), que garante a assistência pública e gratuita prestada por arquitetos(as) e engenheiros(as) para construção e reforma de residências de famílias com renda de até três salários-mínimos. O novo programa MCMV abre a perspectiva para mudança da dramática realidade de um país que tem 25 milhões de moradias precárias: casas com coberturas e/ou pisos inadequados, paredes sem revestimentos, falta de banheiros. Com o trabalho de arquitetos(as) e urbanistas, podemos mudar esse cenário.

Para chegar a essa conquista, realizamos editais para financiar a implantação de projetos-pilotos de Athis. Já investimos 23 milhões de reais em 230 ações, mas ainda é pouco. Para tanto, tivemos intenso relacionamento institucional com o governo federal e os parlamentares, promovemos eventos em todo Brasil e campanhas publicitárias de alcance nacional, inclusive com a participação de influenciadores digitais para dialogar diretamente com a população que pode se beneficiar da Athis mas não conhece a lei. Mais de 20 milhões de pessoas foram alcançadas.

A questão da memória e o combate ao aquecimento do planeta foi central nos nossos debates. Criamos uma Câmara do Patrimônio Histórico, promovemos debates e publicações sobre as cidades da Amazônia e incentivamos a formação continuada e a mobilidade profissional internacional.

Também construímos o Plano Nacional de Fiscalização com a participação dos CAU dos estados e do Distrito Federal e editamos um guia orientativo para os profissionais sobre o comportamento ético a ser adotado no uso de mídias sociais para apresentação de seus serviços. Propusemos o regime tributário do Microempreendedor Profissional, objetivando o fim da informalidade no setor e consequente ampliação do mercado para os arquitetos e urbanistas.

AU E o que ainda deve ser feito durante a sua gestão?

NS É sempre bom sonhar com uma Casa da Arquitetura para abrir a rede de acervos arquitetônicos que vem sendo construída com as demais entidades de Arquitetura e Urbanismo. A IV Conferência Nacional de Arquitetura e Urbanismo, que realizaremos em novembro, permitirá aos novos conselheiros a serem eleitos em outubro para a gestão 2024/2027, conhecerem nossas marcas e avaliarem possíveis continuidades de ações. Estamos fechando, ainda, a elaboração coletiva do Planejamento Estratégico para os próximos dez anos, o que permitirá à próxima gestão definir suas prioridades.

AU Qual o seu posicionamento sobre o novo Plano Diretor de São Paulo?

NS O processo de urbanização da cidade constitui-se historicamente como excludente. Desde os anos 1950, a verticalização se elitizou produzindo grandes apartamentos e excluindo famílias que moravam em áreas centrais e em pequenos apartamentos. A população mais pobre precisou resolver sua questão de moradia espraiando-se em cidades vizinhas, mas principalmente em favelas, cortiços e loteamentos periféricos e irregulares, que cobrem 65% do território paulistano.

A cidade compacta se tornou nos últimos anos a tábua de salvação para o planejamento nos grandes aglomerados urbanos. Aliando altas densidades populacionais com uso misto, estruturadas ao longo de eixos de transporte coletivos, esse "modelo de cidade" vem se tornando um paradigma para "boas práticas" do planejamento e do desenho urbano em diversas escalas em diferentes localidades e realidades. Desde projetos urbanos sustentáveis nos Estados Unidos, alternativas habitacionais em centros históricos de cidades europeias a planos diretores municipais de grandes cidades de países em desenvolvimento.

A condição *sine qua non* para a cidade compacta é a alta densidade. Mas o que isso significa? Densidade é a qualidade do que é denso, compacto. No contexto do planejamento e do urbanismo, engloba um vasto léxico conceitual: densidade urbana, demográfica, populacional, habitacional ou construtiva.

Todos esses aspectos deveriam ter sido levados em conta por um Plano Diretor que tem como diretriz incluir "na cidade" os cidadãos paulistanos que moram mal. Aí sim poderemos tirar o atraso e melhorar a vida da maioria da população paulistana, mas não foi isso o que aconteceu.

Não ficou explícita qual é a proposta para melhorar a vida das pessoas que moram em moradias precárias. Só se discute a questão dos coeficientes de aproveitamento, o que significa olhar de forma parcial a cidade. Disso resulta também o forte movimento de demolição de bairros consolidados para construção de edifícios novos para população de maior renda do que os atuais moradores dessas regiões. Além disso, o novo Plano não trata das questões climáticas de forma clara, o que é impensável em uma cidade contemporânea, sobretudo da dimensão e importância mundial como São Paulo.

AU Como poderia ser feita uma verticalização mais saudável da cidade?

NS Uma verticalização saudável tem que levar em conta ações de sustentabilidade e inclusão social.

Moradia digna

CAPÍTULO 2

para todos

Nossa cruzada por uma política nacional de moradia digna começou com a iniciativa do arquiteto e urbanista, então deputado federal, Clóvis Ilgenfritz, de propor a Lei de Assistência Técnica para Habitação de Interesse Social (Lei nº 11.888/2008). No CAU BR e nos CAU UF, tomamos como missão divulgar essa lei junto ao governo federal, Congresso Nacional, governos estaduais e prefeituras de todo o país. Desde 2015, todos os conselhos dedicaram 2% de seu orçamento para ações de Athis. Durante meus três anos de mandato como presidente do CAU BR, divulguei – em diversos fóruns de debate e principalmente na imprensa – a proposta de uma Política Nacional de Habitação que tivesse como base a Lei de Athis.

Um projeto para o Brasil

Nadia Somekh

Estadão, 21/07/2021

Planejado para ser evento presencial, e transformado integralmente em digital, em razão da pandemia de covid-19, o 27º Congresso Mundial de Arquitetos – UIA2021RIO, prestes a terminar, ficará marcado por dois grandes legados.

O primeiro é a reinvenção e resgate do espaço público, preocupação permanente de nosso ofício. Por sua dimensão, com programação diária de 12 horas, o Congresso foi muito mais do que uma curta "live" com público mais restrito. Superamos a ausência do presencial com as oportunidades de criação de novos relacionamentos virtuais. Os 45 mil participantes de 185 diferentes países puderam trocar experiências e aprender muito, ainda que fisicamente distantes.

O segundo legado é a oportunidade de expor ao Brasil soluções para o crônico problema da precariedade das moradias da população carente, o que muito contribuiu para a disseminação da pandemia de covid-19.

O Brasil tem 25 milhões de moradias inadequadas, segundo levantamento da Fundação João Pinheiro. Uma boa parte não tem sequer banheiros.

Será que ninguém pensa nisso? Será que as pessoas estão mesmo fadadas a viver assim em condições tão precárias e perigosas para a saúde de todos? Essas são as perguntas que abrem o "Manifesto do Conselho de Arquitetura e Urbanismo em Defesa da Moradia Digna para todos – Um projeto para o CAU e para o Brasil".

Nós, arquitetos e arquitetas, acreditamos na mudança desse cenário e temos consciência de que, com a pandemia, nossos compromissos com a sociedade foram redobrados, pois somos, tal qual um médico, cada um dentro de seus conhecimentos técnicos, profissionais de saúde pública.

Nesta perspectiva, o Manifesto ressalta a importância de viabilizar a atuação dos arquitetos nas comunidades carentes. A aproximação tem um caminho definido há 13 anos: a implementação massiva da Lei 11.888/2008, conhecida como Lei Athis, que assegura a assistência técnica pública e gratuita para projetos, reformas e mesmo construções de habitações para famílias com até três salários-mínimos de renda mensal.

Um projeto para o Brasil se faz por meio de políticas integradas de serviços de saúde pública, de habitação social e de mobilidade, para superar a desesperadora ampliação da desigualdade provocada pela epidemia. A atenção à mulher e aos seus filhos deve ser prioritária, pois cabem a elas o sustento de 60% das moradias precárias.

A integração exige além da sensibilização da população pelos seus direitos, dos gestores públicos pelos investimentos e da empatia de toda sociedade quebrar as barreiras das políticas setoriais. Em síntese, exige solidariedade, outro fator primordial para tornar democrático e inclusivo o novo espaço público virtual.

82% das moradias brasileiras são construídas sem arquitetos ou engenheiros

Nadia Somekh

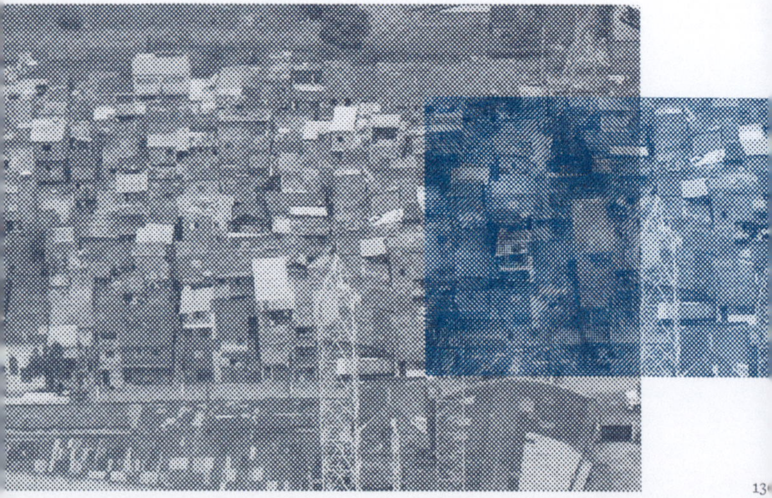

Estadão, 25/05/2022

Na semana de maio em que será debatida a "Carta Aberta dos Arquitetos aos Candidatos nas Eleições 2022", no dia 25, e inaugurada a 13ª Bienal Internacional de Arquitetura de São Paulo, no dia 27, o Conselho de Arquitetura e Urbanismo do Brasil divulga aqui em primeira mão os resultados de uma pesquisa preocupante para a segurança e a saúde da população.[1]

Dentre 50 milhões de brasileiros que já fizeram obras de reformas ou construção, 82% não contrataram serviços de profissionais tecnicamente habilitados, arquitetos ou engenheiros. São obras irregulares, sem registro de projeto e execução junto aos órgãos competentes.

A constatação é de pesquisa recém-realizada pelo Instituto DataFolha com exclusividade para o CAU

1 A "Carta aos Candidatos nas Eleições de 2022" (www.caubr.gov.br/eleicoes2022) foi elaborada em conjunto pelo CAU Brasil e pelas entidades componentes do Colegiado das Entidades Nacionais de Arquitetos e Urbanistas – Ceau: Instituto de Arquitetos do Brasil – IAB, Federação Nacional dos Arquitetos e Urbanistas – FNAU, Associação Brasileira de Ensino de Arquitetura e Urbanismo – Abea, Associação Brasileira dos Escritórios de Arquitetura – Asbea, Associação Brasileira de Arquitetos Paisagistas – Abap e Federação Nacional dos Estudantes de Arquitetura e Urbanismo – Fenea. A elaboração do documento contou ainda com a contribuição das presidências dos CAU dos Estados e do DF. Ato Público para debater o documento será realizado em São Paulo no próximo dia 25 de maio e terá transmissão online pelo canal YouTube do CAU Brasil.

Brasil. Não por coincidência, a Carta aos Arquitetos tem como título "O Brasil necessita de Mais Arquitetura e Urbanismo".

A boa notícia é que o percentual diminuiu em relação a 2015, quando uma primeira pesquisa constatou ser de 85%. Foram entrevistados 2.495 homens e mulheres, economicamente ativos, com idade entre 18 e 75 anos, pertencentes a todas as classes econômicas, de todas as regiões do país, – amostragem equivalente às pesquisas para as eleições para presidente da República.

A maioria considerável dos entrevistados (84%) considera que problemas construtivos (tais como falta de pisos ou forros, paredes rachadas, ausência de banheiro, muitas pessoas ocupando um mesmo cômodo) nas moradias afetam a saúde dos residentes, como ficou evidente na epidemia da covid-19. "Moradia digna é uma questão de saúde pública", diz a Carta aos Candidatos, ao lembrar que o Brasil tem hoje 25 milhões de moradias inadequadas, segundo a Fundação João Pinheiro.

Mestres de obras, pedreiros e autoconstrução são as opções mais usadas por quem constrói ou reforma no Brasil. Tragédias como desabamento em 2019 de dois prédios construídos irregularmente na comunidade de Muzema, no Rio de Janeiro, causando 24 mortes, ressaltam o quadro grave existente por detrás dos percentuais mostrados pela pesquisa.

De igual forma, as recentes tragédias de Petrópolis, com 233 mortes, e Franco da Rocha, com 32 mortes, não deixam de estar relacionadas ao quadro, em que pese outros fatores relevantes como a chuva excepcional, a falta de um planejamento urbano integrado e a negligência do poder público quanto à ocupação de morros.

Fica evidente que a questão habitacional no Brasil é um problema frente ao qual devem se posicionar de forma assertiva os pré-candidatos à presidência, aos governos estaduais e do DF e aos parlamentos do país. A equação não se resume apenas à construção de novas habitações ou à transformação de imóveis ociosos em moradias. O país precisa de uma solução de escala para a melhoria das habitações já existentes, especialmente nas periferias e bolsões de pobreza dos centros das cidades.

Como defende a Carta aos Candidatos, a Assistência Técnica em Habitação de Interesse Social – Athis, promovida pelo poder público, é o instrumento para disponibilizar os serviços dos arquitetos para a população de baixa renda, de forma gratuita, uma vez que o poder público remuneraria a elaboração de projetos de reformas e construções.

A Athis é prevista na Lei 11.888/2008, para famílias com renda de até três salários-mínimos. O orçamento da União prevê recursos para prefeituras e estados criarem programas Athis, mas a implementação no país não passa de 30 municípios.

Por outro lado, para as camadas da população que podem investir na construção de suas casas, é importante alertar para o clássico ditado do "barato que sai caro".

Conforme o CAU Brasil revelou por meio de uma pesquisa qualitativa, feita também pelo Datafolha, em 2015, a maioria dos entrevistados disse que a experiência de construir sem um profissional tecnicamente habilitado foi ruim, por uma série de problemas: planejamento (como dificuldade em orçar a obra), mão de obra (muitas vezes o serviço tem que ser refeito) e desperdício de materiais.

Por tudo isso, como enfatizou o CAU Brasil em recente campanha institucional, o projeto arquitetônico, além de ser a linha condutora de uma construção, é também um dossiê com todas as diretrizes para otimizar tempo, trabalho e material.

"Ao contrário do que pensam alguns desavisados, o projeto arquitetônico não significa uma despesa a mais que pode ser dispensada, muito pelo contrário, ele é imprescindível para promover a redução de custos e a valorização permanente do imóvel."

O Brasil conta hoje com 212 mil profissionais de Arquitetura e Urbanismo, com idade média de 35 anos, a maioria (65%) mulheres. Esperamos que a semana, que finaliza o "Maio da Arquitetura", sensibilize os pré-candidatos e a população em geral, de forma a ampliar o acesso da sociedade a seus serviços.

Urbanismo Social e Arquitetura Popular: qual participação?

Nadia Somekh

Guia de Urbanismo Social (Insper), janeiro de 2023

A existência de 24/25 milhões de moradias precárias no Brasil confirma que a regulação urbanística exclui a população mais pobre, reproduzindo as desigualdades presentes no espaço urbano. Entendemos que podemos contrapor um urbanismo social ao histórico urbanismo corporativo, usual na regulação das cidades brasileiras.

Segundo pesquisa da Fundação João Pinheiro (2021), o número acima é de domicílios que apresentaram ao menos um tipo de inadequação (infraestrutura, edilícia e fundiária) no Brasil. Quando se trata de déficit habitacional (domicílios que não oferecem as condições mínimas de segurança), a maioria desses lares são de responsabilidade das mulheres.

Nesse sentido, o Conselho de Arquitetura e Urbanismo do Brasil – CAU Brasil e as unidades federativas vêm apoiando cada vez mais a implementação de serviços gratuitos de Assistência Técnica em Habitação de Interesse Social – Athis para construção e reformas de moradias, a serem prestados por profissionais de Arquitetura e Engenharia, a famílias de baixa renda. O Brasil possui desde 2008 uma Lei de Assistência Técnica (Lei nº 11.888) que garante esse direito a famílias com renda de até três salários-mínimos, mas a legislação ainda é pouco aplicada Brasil afora.

O CAU Brasil entende a Athis como um direito fundamental do cidadão, assim como saúde e educação. Trata-se da qualidade de vida da população, não apenas em sua residência, mas na cidade como um todo.

No entanto, a construção de uma política pública específica para a melhoria habitacional e urbana – e complementar à já anunciada retomada do programa Minha Casa Minha Vida – é imperiosa. Além disso, a inclusão dos municípios em uma perspectiva de desenvolvimento local e a conscientização da população de seu direito a uma moradia adequada em um espaço urbano digno demandam ainda a existência de recursos para se atingir uma escala própria às necessidades sociais, sempre excluídas das pautas do nosso urbanismo corporativo.

O CAU Brasil deu o primeiro passo para promover a Athis em 2015, com um edital que oferecia 150 mil reais para financiar ações de desenvolvimento e socialização da Arquitetura e Urbanismo. O primeiro projeto financiado foi a concepção e execução de 98 unidades habitacionais do Loteamento Canhema II, em Diadema, SP. Com sucesso da experiência, o Plenário do CAU Brasil aprovou a destinação de 2% do total das receitas de arrecadação dos 27 Conselhos de Arquitetura e Urbanismo dos estados e do Distrito Federal (CAU UF) para o desenvolvimento de projetos de Athis.

Em 2018, o CAU Brasil e a revista *Projeto* lançaram uma edição especial dedicada ao tema habitação social. Edição vinha encartada com a cartilha Athis, produzida em coedição pelo CAU Brasil com o CAU SC. O documentário "Habitação social: uma questão de saúde pública", com 52 minutos de duração, mostrou como a pandemia da covid-19 agravou a situação de vulnerabilidade das famílias que vivem em assentamentos precários e autoconstruídos.

Na gestão 2021-2023, em meio à pandemia de covid-19, foi lançado o programa Mais Arquitetos, evidenciando que habitação social é uma questão de saúde pública. Campanhas nas redes sociais buscaram a conscientização da população de baixa renda sobre o direito a uma moradia digna através da Lei de Athis. Vídeos e podcasts com influenciadores digitais impactaram uma audiência de mais de 60 milhões de pessoas. No Congresso Nacional, o CAU Brasil conseguiu que senadores e deputados federais destinassem emendas parlamentares para projetos de Athis nos municípios.

O CAU Brasil também lançou dois editais de Athis oferecendo fomento de até 2 milhões de reais para ações de construção e reformas em habitações de interesse social. O objetivo dos editais de Athis é mostrar a importância fundamental desse tipo de intervenção nas cidades brasileiras, convencendo os gestores públicos a promoverem essas ações na escala necessária para atingir as 25 milhões de famílias que vivem em moradias precárias. Athis é a chave para qualidade de vida em casa e na cidade e deve estar acessível para todos e todas.

Na perspectiva de promover o urbanismo social e a arquitetura popular essenciais ao programa Mais Arquitetos, o edital nº 05/2022 do CAU Brasil está investindo mais 1,5 milhão de reais em projetos de Athis com foco na prevenção e mitigação de riscos e ações que visem a recuperação de áreas degradadas por desastres ambientais recentes (últimos cinco anos). Ao todo, já foram investidos de 2017 a 2022, 25 milhões de reais em todo o território nacional. Além disso, emendas parlamentares somaram mais 220 milhões de reais, denotando a importância de uma participação mais ampla do Legislativo e Executivo.

Os exemplos a seguir apontam o direcionamento desse instrumento – que, para atingir a escala necessária, requer o apoio do governo federal, estados e municípios, além da conscientização da população sobre os seus direitos e os recursos específicos.

Os projetos vencedores do edital de Athis constituem mais um passo na direção do urbanismo social com arquitetura popular e participação da população.

O caso da Reabilitação Urbana e Ambiental do Bairro Gogó da Ema (Itabuna, BA) aponta que há mais de 50 anos o bairro sofre com as enchentes. O projeto procura enfrentar esse problema histórico, a partir de uma proposta de Athis estruturada em seis fases, que envolvem desde cursos de extensão universitária (em parceria com o programa de residência da Universidade Federal da Bahia) até a implementação de relatórios e publicações a serem entregues às prefeituras da região.

Em São Paulo, no caso do Mutirão para Mitigação de Risco em Franco da Rocha, SP, os deslizamentos de terra já destruíram muitas moradias no bairro de São Carlos. O território íngreme, o saneamento precário e o descarte indevido de resíduos de construção potencializam os estragos em períodos de chuva intensa. O projeto prevê a construção de um muro de contenção e um dissipador pluvial na área mais afetada.

Na Casa Eco-Pantaneira (Ladário, MS), localizada no Pantanal Mato-Grossense do Sul, as queimadas constantes afetam a vida da população. O projeto de Athis, realizado na Área de Proteção Ambiental Bahia Negra, vai construir habitações adequadas para a população ribeirinha, dentro das regras do Plano de Manejo da Unidade de Conservação de Uso Sustentável. Será promovida uma capacitação conjunta entre Universidade Federal do Mato Grosso do Sul – UFMS, Secretaria de Patrimônio da União e a ONG Ecoa.

A iniciativa Projeto Morar Bem, em Rio Branco do Sul, PR, visa capacitar mulheres para realização de melhorias habitacionais, promovendo a autonomia da população no processo de readequação do espaço habitado. A ideia é fornecer conhecimento e material para que a população, principalmente donas de casa, possam identificar e reparar problemas em sua moradia e comunidade. De modo indireto, toda a comunidade será impactada pela proposta, tendo em vista a multiplicação do conhecimento por meio de tecnologias sociais.

Nesse exemplo: Reurb-S nas ocupações "Em busca de um sonho" e "Em busca por moradia", em São Carlos, SP, os moradores enfrentam diversos problemas de acesso à cidadania: risco de vulnerabilidade socioambiental, condições precárias de moradia e a insegurança jurídica sobre a posse das casas. Os pilares da ação de reurbanização consistem na recuperação de áreas degradadas, aplicação de políticas públicas ambientais, capacitação da população, divulgação e conscientização sobre Athis, entre outros.

Exemplo de urbanismo social pode ser encontrado no projeto "Entre o parque e a favela", no bairro da Coréia de Mesquita (Rio de Janeiro, RJ). A comunidade foi muito afetada pelas fortes chuvas de abril, que causaram enchentes e deslizamentos na região. Objetivo do projeto financiado pelo CAU Brasil é conscientizar e envolver a população por meio de dinâmicas baseadas na prática de jogos, exercícios e técnicas teatrais baseadas no *Teatro do Oprimido*, de Augusto Boal.

O caso dramático do Plano Comunitário de Gestão de Riscos na Comunidade Caiçara de Ponta Negra (Paraty, RJ): em abril de 2022, um deslizamento atingiu casas e vitimou sete pessoas na comunidade. Desenvolvido pela Pólis Instituto de Estudos, Formação e Assessoria em Políticas Sociais, o projeto consiste na criação de um Plano de Gestão de Riscos. A ideia é estudar e mapear a região, identificando assim possíveis riscos de deslizamento de terra, como já ocorreram anteriormente, e realocar as famílias habitantes do local.

O objetivo principal do projeto Autourb-Reurb Anchieta (São Paulo, SP) é retirar famílias da Comunidade Anchieta Grajaú de regiões de risco de deslizamentos e alagamentos e assentá-las em lotes marcados. A proposta é desenvolvida pela Peabiru Trabalhos Comunitários e Ambientais, que atua desde 2019 na ocupação, e visa não só as melhorias habitacionais na comunidade, mas também o processo de regularização fundiária e urbanística, inserindo mais arquitetos e urbanistas e estudantes nesse campo de atuação.

Exemplos similares estão sendo desenvolvidos pelos Conselhos de Arquitetura e Urbanismo dos estados e do Distrito Federal, em que de 2% a 10% de cada orçamento estão sendo investidos. Porém, reiteramos que, para atingir a escala necessária, devemos formular uma política pública que envolva estados, munícipios e tenha a participação da população, além de recursos em um fundo onde as ações do CAU possam atingir a dimensão do nosso país.

Urbanismo corporativo ou urbanismo social: qual proposta para o Brasil?

Nadia Somekh e Renato Balbim

Vitruvius, 24/05/2023

No Brasil, mais de um terço do estoque imobiliário foi produzido desarticulado das políticas públicas e das ações do chamado mercado imobiliário ou mercado formal. De formas diversas, a associação entre interesses do mercado imobiliário, dito formal, e a captura dos investimentos e das políticas do Estado, historicamente, viabilizaram condições mínimas – e muitas vezes máximas, e altamente concentradas –, de urbanidade apenas para determinadas classes de renda e em espaços específicos e selecionados de nossas cidades. Esse modelo de urbanização tem nome, urbanismo corporativo, e é aspecto estrutural da formação socioespacial brasileira, de seu processo civilizatório.

Entendemos ser possível contrapor um urbanismo social ao histórico urbanismo corporativo, usual na regulação das cidades brasileiras. O objetivo deste artigo é apresentar contradições básicas do desenvolvimento urbano, presentes também em todo Sul global, sintetizadas nas noções contrapostas de um urbanismo corporativo e de um urbanismo social, e apresentar esforços e alternativas, adaptados à formação socioespacial brasileira, que vão no sentido de consolidar um modelo de efetivação de direitos, de produção de serviços sociais e de bem-estar coletivo via políticas públicas urbanas no século 21.

A partir de um panorama generalizado de desigualdades socioespaciais e exclusão recorrentemente produzido nas cidades brasileiras, apontamos uma saída preliminar, genuinamente brasileira, que poderá semear um modelo de recuperação do passivo histórico. Será esse caminho possível?

Opções históricas, um pequeno retrato atual das cidades

A existência de 25 milhões de moradias precárias no Brasil confirma que o urbanismo, tanto como ciência, quanto como prática pública ou privada, trilhou nesse país, bem como na América Latina e em todo Sul global, caminhos que privilegiaram corporativamente parcelas específicas da sociedade – no caso brasileiro e de maneira geral: brancos abastados –, fato esse que segue a mesma racionalidade das principais políticas de Estado.

Segundo pesquisa da Fundação João Pinheiro,[1] o número acima é de domicílios que apresentaram ao menos um tipo de inadequação (infraestrutural – 11,2 milhões, edilícia – 14,2 milhões) no Brasil. Somam-se a essa realidade o fato de que 82% das moradias no país foram edificadas sem a assessoria técnica de um arquiteto ou engenheiro,[2] ou seja, autoconstruídas.

Mais de um século depois dos esforços sanitaristas que marcaram a constituição do urbanismo moderno brasileiro e, por conseguinte, o início de um urbanismo corporativo que reformou parcelas específicas das principais cidades brasileiras, ainda convivemos com mais de 400 mil moradias que não possuem banheiro[3] e com índices absolutamente insatisfatórios de acesso ao saneamento básico. Apenas 55,8% da população brasileira conta com coleta de esgoto em suas residências, o que não significa tratamento, e apenas 28,3% dos municípios realizam algum monitoramento de dados hidrológicos, aumentando significativamente os riscos à população advindos de eventos relacionados a inundações e deslizamentos.[4]

O déficit habitacional, ou a efetiva necessidade de novas unidades habitacionais, para além das condições de precariedade e regularidade já expostas, estimado em 5,8 milhões de novas unidades habitacionais, é basicamente constituído pelos mais pobres (42% até um salário-mínimo; 89% até três salários-mínimos), em sua grande maioria negros e majoritariamente por mulheres que ocupam a posição de chefes de família (60%).[5] Ao déficit habitacional se somam direitos básicos não assegurados por diversas outras políticas públicas formando camadas que, ao se sobrepor sobre os mais pobres e sempre sobre os mesmos espaços, vão desenhando a paisagem das periferias autoconstruídas e precárias das metrópoles e, também, das grandes e médias cidades em todo o país.

A opção histórica pelo urbanismo corporativo

O urbanismo corporativo pode ser entendido no sentido de distanciamento da produção das cidades do interesse público e coletivo, um urbanismo que privilegia grupos sociais específicos, prática hegemônica nas grandes cidades brasileiras.[6] Milton Santos, em sua

3 FUNDAÇÃO JOÃO PINHEIRO. Op. cit.
4 SISTEMA NACIONAL DE INFORMAÇÕES SOBRE SANEAMENTO (Brasil). *Diagnóstico dos serviços de água e esgoto, do manejo de resíduos sólidos urbanos e de drenagem e manejo das águas pluviais urbanas.*
5 FUNDAÇÃO JOÃO PINHEIRO. Op. cit.

obra balizar – *Metrópole corporativa e fragmentada: o caso de São Paulo* –,[7] aprofunda esse entendimento ao analisar o caso da maior e mais dinâmica cidade dos então países do terceiro mundo.

A partir dessa obra e de outras que se seguem sobre a urbanização brasileira,[8] podemos sugerir que uma urbanização corporativa se dá no contexto de modernidade incompleta dos países do Sul. Nesses locais, o fato urbano, as cidades, revelam extremas disparidades, justapõem traços de opulência e sinais de absoluto desfalecimento.

A dinâmica urbana é organizada dialeticamente pela verticalização e pela expansão contínua das periferias horizontais, investimentos respondem à racionalidade da acumulação, concentrando funções urbanas em áreas que respondem exclusivamente à produtividade das atividades modernas econômicas.[9] Os investimentos se organizam para criar as condições de fluidez necessária para que essa modernidade, incompleta e seletiva, se instale.

Na urbanização corporativa, o automóvel aparece não apenas como o maior consumidor de espaço, mas como modo de diferenciação, distinção e exclusão daqueles que gastam duas ou três vezes mais tempo no transporte coletivo. A infraestrutura para o automóvel gera fluidez relativa, ao mesmo passo que desintegra fragmentos, gerando mesmo uma cidade do automóvel e outra do transporte coletivo, ou ao menos um cotidiano. Enfim, a segregação socioespacial é um projeto social de oposição frontal aos pobres, gente diferenciada.[10]

O urbanismo corporativo trabalha para a minimização das deseconomias ao invés da produção de serviços sociais e do bem-estar coletivo em toda a mancha urbana. Áreas de interesse exclusivo do capital são (re)qualificadas, enquanto regiões urbanas inteiras são tornadas precocemente obsoletas[11] para que no futuro sejam revitalizadas nos termos das

8 SANTOS, Milton. *A urbanização brasileira*; SANTOS, Milton (Org.). *Técnica espaço tempo: globalização e meio técnico-científico informacional.*
9 SANTOS, Milton. *Metrópole corporativa fragmentada* (op. cit.); FERNANDES, Ana. Op. cit.
10 Frente a possibilidade de abertura de uma estação do metrô, em São Paulo, moradores do bairro abastado de Higienópolis protestaram contra a possibilidade de aumento no número de pobres e outros indesejados, chamados de "gente diferenciada" <https://bit.ly/2JBISMP>.
11 FERNANDES, Ana. Op.cit.

modelagens econômicas, por exemplo, das operações urbanas consorciadas.

Na gênese motriz desse urbanismo corporativo está a escassez artificial de terras[12] urbanizadas. A urbanidade é produzida, normas, regulações e investimentos são disponibilizados, mas de maneira altamente concentrada, em áreas correspondentes a essa racionalização, enquanto o conjunto urbano, comumente chamado de informal, dialoga apenas parcialmente com essa racionalidade, resultando na inexistência de urbanização ou sua precariedade. Os vazios especulativos e a obsolescência precoce aprofundam a escassez relativa de urbanidade e ditam os valores artificiais da terra em toda a cidade.

Ou seja, historicamente, pode-se sintetizar, foi e continua sendo a inexistência de instrumentos urbanísticos, jurídicos, tributários e financeiros adaptados à realidade brasileira que intencionalmente inviabiliza a produção e o acesso à terra urbanizada para todas as classes sociais, resultando essencialmente em cidades "corporativas e fragmentadas".[13] Dito de outra forma, não é a falta de leis, planos ou projetos responsáveis por cidades caóticas,[14] mas sim a quem corporativamente esse planejamento responde.

A condição corporativa resulta então do fato de que existem capacidades técnicas e financeiras para que a urbanidade se produza e, inclusive, se universalize nas terras existentes, além de existirem terras para expansão nas cidades brasileiras. Mas essas condições, o capital econômico, técnico e político, se concentram em determinadas parcelas do território, diferenciando-o, fragmentando a cidade, excluindo os pobres do acesso à urbanidade.

A fragmentação, aspecto concreto da ação corporativa, pode ser verificada na paisagem disfuncional de conjunto urbano, pode ser medida via análises dos fluxos e da acessibilidade, pelo volume de vacância e obsolescência, ou ainda pela multiplicação de frontei-

12 SANTOS, Milton (Org.). *Técnica espaço tempo* (op. cit.); CASTILLO, Ricardo Abid. *Fragmentação da terra: propriedade fundiária absoluta e espaço mercadoria do município de São Paulo*. BALBIM, Renato. "Fragmentação da metrópole e seletividade socioespacial"; FERNANDES, Ana. Op. cit.; OLIVEIRA, Margarete Rodrigues Neves. *A produção de escassez do espaço urbano: um estudo sobre o boom imobiliário, uso de Transcons e apropriação de mais-valia fundiária urbana em Salvador BA (1968-2008)*.

13 SANTOS, Milton. *Metrópole corporativa fragmentada* (op. cit.).

14 MARICATO, Erminia. "Urbanismo na periferia do mundo globalizado: metrópoles brasileiras"; ROLNIK, Raquel; CARVALHO, Celso Santos; FERNANDES, Edésio.

ras urbanas, inclusive muros.[15] Certos fragmentos das cidades, bairros, condomínios, setores etc., recebem, ao longo dos anos e dos mandatos políticos, melhorias e benfeitorias em um processo cuja lógica, como já sugerido, é de diferenciação. Para Milton Santos, essas são as "áreas luminosas" de nossas cidades, conectadas por alta densidade técnica, por vias expressas, por vezes pedagiadas e tão mais exclusivas quanto normatizadas.[16]

A racionalidade das regulações e investimentos urbanos homogeneíza o espaço da pobreza, as "zonas opacas" (idem), a maior parcela da cidade, seus espaços autoconstruídos, criando e aprofundando fissuras em um tecido urbano que ao longo da história serve, exclusivamente, aos interesses da urbanização corporativa, dos processos de revitalização, de expansão de condomínios de alto padrão, de gentrificação.[17]

A resiliência do urbanismo corporativo

No ano de 2023, quando verificamos a reinstalação de um Ministério das Cidades, desta vez institucionalmente reforçado em seus compromissos com a Reforma Urbana, através da criação de uma secretaria nacional dedicada aos territórios periféricos, queremos crer existir e nos associamos aos esforços de edificação de políticas públicas que superem a racionalidade corporativa de produção de nossas cidades.

Esse mesmo entendimento norteava a criação, há 20 anos, de outro Ministério das Cidades. Naquele momento, o objetivo principal que reunia grupos reformistas era a implementação do Estatuto das Cidades, Lei nº 10.257/2001,[18] resultante dos debates democráticos que surgiram há exatos sessenta anos, quando nas cidades do Rio de Janeiro, no Hotel Quitandinha, e em São Paulo, na sede do Instituto de Arquitetos do Brasil – IAB, foi promovido o Seminário de Habitação e Reforma Urbana – SHRU.

16 SANTOS, Milton. *O espaço do cidadão.*

17 SMITH, Neil. "New Globalism, New Urbanism: Gentrification as Global Urban Strategy;" BRENNER, Neil; THEODORE, Nik. "Cities and the Geographies of 'Actually Existing Neoliberalism;'" SASSEN, Saskia. "The Global City: Introducing a Concept;" SMITH, Richard G. "Beyond the global city concept and the myth of 'command and control.'"

18 BRASIL (Presidência da República). *Lei n. 10.257, de 10 de julho de 2001 – Estatuto da Cidade.*

Quando, em 1963, o IAB, com o apoio do Instituto de Pensões e Aposentadoria dos Servidores do Estado, o Ipase, do governo federal, democrático e progressista, de João Goulart – destituído pelo golpe militar de 1964 –, realizou o SHRU reunindo arquitetos, urbanistas, engenheiros e cientistas sociais com representantes do governo e líderes da sociedade civil organizada que entendiam, como descrevem Nabil Bonduki e Ana Paula Koury, que a habitação era um direito fundamental; que apenas uma minoria usufruía desse direito; que essa situação contrastava frontalmente com a ideia de democracia e com os princípios de justiça social; e, que os meios e instrumentos existentes, apesar de suficientes para fazer frente aos déficits, eram utilizados de maneira dispersa e seletiva.[19]

Há sessenta anos, o diagnóstico parece não ter mudado. A consecução do direito à habitação, e logo do direito à cidade, passa por uma reforma urbana, termo utilizado neste longo período para resumir a necessidade de impor limites ao direito de propriedade e de uso do solo urbano. O Estatuto da Cidade, instituído em 2001, tem suas raízes nesse movimento e, ainda assim, não apenas o pensamento urbanístico hegemônico, mas a estrutura social do país reforça as bases do urbanismo corporativo.

Desde a redemocratização, leis, planos e instrumentos urbanos vem sendo criados com base nos princípios e nas diretrizes da Reforma Urbana. O Estatuto da Cidade, uma lei federal, autoriza o uso de vários instrumentos que municípios e estados desenvolveram durante o processo de redemocratização do país no sentido de relativizar o poder hegemônico do direito à propriedade e democratizar o uso do solo.

Ainda que bem-intencionados, como sempre repete Ermínia Maricato,[20] não faltam ao Brasil e às suas cidades planejamento, planos, projetos e leis. Ao contrário, há um histórico já longo de planejamento e

[19] ... Nabil; KOURY, Ana Paula. "Das reformas de base ao BNH: as propostas do Seminário de Habitação e Reforma Urbana".

urbanismo que, deve-se notar, dialoga com fragmentos do território, instituídos por relações arcaicas baseadas na propriedade fundiária (idem) e que apesar de diretrizes universalizantes, sintetizadas na ideia de cidades para todos, dentre outras, se executa quase que exclusivamente de maneira corporativa.

Como diversos autores já puderam apontar, o Estatuto da Cidade é uma boa lei, com diversos bons exemplos de aplicação durante seus já 22 anos de vigência, mas, ainda assim, uma lei seletivamente aplicada em seu diálogo com as estruturas do capitalismo brasileiro, corporativo, patrimonialista em sua forma social e estatal[21] e espoliador em sua essência urbana.[22]

Existem saídas? Quais?

Partimos da necessária assunção de que o Brasil logrou e teve êxito em perpetuar por séculos os maiores índices de desigualdades do planeta. O Brasil foi o último país das Américas a abolir a escravidão, um século após os Estados Unidos, e, como sequela, todas as estatísticas revelam que a pobreza tem cor e raça, e suas piores consequências recaem sobre as mulheres.

Nesse sentido, a revisão das políticas públicas corporativas de habitação, em particular, e de desenvolvimento urbano no geral, não podem escapar da necessária revisão das capacidades estatais que historicamente lograram êxito neste projeto de urbanização corporativa.

As capacidades políticas e técnico-administrativas do Estado, além dos arranjos institucionais, sobretudo no atual período em que há um ativismo estatal que valoriza a democracia e legitima as pautas sociais, uma boa governança,[23] deve ser objeto de reformulação, desde as formas de elaboração e execução orçamentária, passando pelas instituições, até as parcerias estabelecidas, como é o caso da valorização

22 KOWARICK, Lúcio. "Desarrollo capitalista y marginalidad: el caso brasileño".
23 PIRES, Roberto; GOMIDE, Alexandre. "Governança e capacidades estatais: uma análise comparativa de programas federais".

das entidades sem fins lucrativos já apontada no novo Minha Casa, Minha Vida.[24]

Há diversas proposições já implementadas em outros países, e mesmo no Brasil, que criam alternativas e saídas para a revisão dessas estruturas históricas. Citamos a seguir algumas e apontamos, no decorrer deste artigo, revisões de certas capacidades estatais para que possamos lograr êxito na necessária edificação de um urbanismo socialmente justo e adequado à realidade brasileira.

Cabe ressaltar que essas alternativas passam necessariamente pela revisão de certos dualismos e pela revalorização daquilo que pejorativamente nos acostumamos a chamar de informalidade, de cidade informal.[25]

Faz-se necessário superar a visão naturalizada de que a regra é a exceção, não é! A exceção é tratada como regra, como regulação urbanística, porque o poder econômico, político e legal assim define em sua estratégia de exclusão e segregação. A urbanidade resultante deste padrão é privilégio de poucos e a cidade corporativa se institui como mecanismo de exclusão e segregação, relegando os pobres a uma condição atávica, quase intransponível.

A partir do Estado e de suas instituições e capacidades faz-se necessário reconhecer e valorizar o setor da autoprodução habitacional, o que implica elaborar instrumentos jurídicos, financeiros e urbanísticos que viabilizem e qualifiquem as práticas de produção social, garantindo a urbanidade para todos.

Faz-se também necessário reconhecer no arcabouço jurídico e programático a prática da posse coletiva que organiza parte expressiva do fundiário de nossas cidades, o cooperativismo que emana da solidariedade e da autogestão, o crédito popular e o microcrédito, que surgem nos bancos comunitários como contra racionalidades, "práticas contra-hegemônicas"[26] à comoditização da cidade[27] e sua financeirização.[28]

24 BRASIL (Presidência da República). Medida Provisória n. 1.162, de 14 de fevereiro de 2023.
25 BALBIM, Renato; SANTIAGO, Cristine Diniz. *Informal Settlements: a divisão da cidade e seus termos.*
26 LIMA, Adriana Nogueira Vieira; OLIVEIRA, Liana Silvia de Viveiros e; SOUZA, Maria José Andrade de. "O Direito nas trincheiras da cidade: urbanismo corporativo e práticas contra-hegemônicas".
27 ROLNIK, Raquel. "Urban Warfare: Housing Under the Empire of Finance."
28 AALBERS, Manuel B. "The variegated financialization of housing;" FIX, Mariana de Azevedo Barretto. *Financeirização e transformações recentes no circuito*

Cabe, sobretudo, reconhecer as normas dos territórios da pobreza e da precariedade, diversas práticas que conformam o "direito de Pasárgada",[29] o "direito achado na rua",[30] o "direito da favela".[31]

Há que se reconhecer também a relevância econômica e a importância simbólica das empresas sem fins lucrativos, das assessorias técnicas e tantas outras realidades – potencialidades –, como bem tem ressaltado Guilherme Simões, secretário nacional de Territórios Periféricos do novo Ministério das Cidades, que emanam das necessidades de nossas periferias e favelas.

Devemos também avançar na revisão dos formalismos da regulação urbanística e das práticas da arquitetura e da engenharia e do ensino universitário, valorizando o conhecimento, os modos, as técnicas e os meios que garantem historicamente a sobrevivência da maior parte dos moradores das cidades brasileiras.

Entendemos que esses desafios estão consubstanciados na tarefa de implementar o direito à assessoria técnica gratuita para habitação de interesse social, a Athis, prevista na Lei nº 11.888 de 2008.[32]

A Lei assegura às famílias que ganham até três salários-mínimos o acesso gratuito à qualidade urbanística e edilícia da moradia e do habitat. E o não acesso ao planejamento urbano, ao projeto urbanístico e ao projeto de arquitetura é uma forma clara de diferenciação e, consequentemente, de exclusão da maior parte da sociedade.

Entendemos a partir da Athis, como será desenvolvida e exemplificada mais à frente, ser possível contrapor um urbanismo social ao histórico urbanismo corporativo, usual na regulação das cidades brasileiras.

Um urbanismo social que avance nos instrumentos de efetivação dos direitos e princípios que norteiam as Zonas Especiais de Interesse Social – Zeis, instrumentos urbanísticos de regulação, ordenação e regularização fundiária, além de plataforma para políticas públicas, e que se legitime como genuinamente brasileiro ao superar

30 SOUSA JÚNIOR, José Geraldo. *O direito como liberdade*.

31 MAGALHÃES, Alex Ferreira. "O direito das favelas no contexto das políticas de regularização: a complexa convivência entre legalidade, norma comunitária e arbítrio".

32 O Brasil possui desde 2008 uma lei que garante o direito a melhorias habitacionais a famílias com renda de até três salários-mínimos, porém sua aplicação é ainda incipiente frente as dimensões da precariedade habitacional e urbana. BRASIL. *Lei n. 11.888, de 24 de dezembro de 2008 – Athis*.

as bases de regulação corporativa do urbanismo que exclui da política pública a cidade dita informal.

Um urbanismo social que tenha como base o padrão, as práticas e os instrumentos regulatórios de edificação da maior parcela da cidade, seus assentamentos precários, um território formado para além do estado, como sugerido em toda a disciplina do direito urbanístico desde Pasárgada.[33]

Da mesma forma, um urbanismo social que apreenda com métodos e experiências de outras formações socioespaciais, como é o caso do urbanismo social adaptado das experiências de grandes intervenções urbanas da Colômbia,[34] das inúmeras experiências de urbanização de favelas no Brasil, desde o programa Favela-Bairro, passando pelo Habitar Brasil BID e chegando ao PAC Urbanização de Favelas.[35] Mas que, sobretudo, se assente nos conhecimentos, práticas, métodos e regulações que surgem da autopromoção de cidades, da autogestão, da autoconstrução e da organização comunitária já reconhecidas e sistematizadas por entidades promotoras, movimentos sociais e a academia brasileira e consubstanciadas em ações de Athis, como veremos a seguir.

A opção pela Athis como instrumento do urbanismo social

O Conselho de Arquitetura e Urbanismo do Brasil – CAU Brasil e suas unidades federativas[36] vêm apoiando cada vez mais a implementação de serviços gratuitos de Athis para construção e reformas de moradias, a serem prestados por profissionais de Arquitetura, Engenharia e outros a famílias de baixa renda.

O CAU Brasil entende a Athis como um direito fundamental do cidadão, assim como saúde e educação. Trata-se da qualidade de vida da população, não apenas em sua residência, mas na cidade como um todo.

33 SANTOS, Boaventura de Sousa. *A crítica da razão indolente: contra o desperdício da experiência*; MAGALHÃES, Alex Ferreira. Op. cit.; SOUSA JÚNIOR, José Geraldo. Op. cit.; LIMA, Adriana Nogueira Vieira; OLIVEIRA, Liana Silvia de Viveiros e; SOUZA, Maria José Andrade de. Op. cit.

34 LEITE, Carlos (Org.). *Guia de urbanismo social*.

35 BALBIM, Renato; BECKER, Maria Fernanda; CASSIOLATO, Martha; KRAUSE, Cleandro; NADALIN, Vanessa. *Meta-avaliação: estudos e proposições metodológicas a partir da avaliação de políticas de urbanização de assentamentos precários*; BALBIM, Renato; KRAUSE, Cleandro; BECKER, Maria Fernanda; LIMA NETO, Vicente Correia; CASSIOLATO, Martha; ANDRADE, Carla Coelho de. *Metodologia de avaliação de resultados: o caso das intervenções do pac urbanização de favelas*.

Recentemente, através de parceria com o Ipea, detalhada mais à frente, definiu-se como objeto das ações de Athis fomentadas pelo CAU Brasil a saúde do habitat, entendida como: "A noção de Saúde do Habitat engloba as condições edilícias, sanitárias, ambientais e paisagísticas relacionadas à moradia e ao conjunto urbano que garantam qualidade e adequação do ambiente interno e externo da casa, assegurando a dignidade da vida de seus moradores e a valorização do lugar de vida".[37]

No entanto, a construção de uma política pública específica para a melhoria habitacional e urbana – e complementar à já anunciada retomada do programa Minha Casa Minha Vida – MCMV – é ao mesmo passo imperiosa e desafiadora. Um primeiro desafio, já destacado, é de superar a visão da habitação apenas como a casa, conceituando, mas também promovendo políticas para a moradia, como inclusive expresso nas diretrizes do novo MCMV.[38]

Além disso, a inclusão dos municípios em uma perspectiva de desenvolvimento local e a conscientização da população de seu direito a uma moradia adequada em um espaço urbano digno demandam ainda a existência de recursos para se atingir uma escala própria às necessidades sociais, sempre excluídas das pautas do nosso urbanismo corporativo.

Athis no CAU Brasil

O CAU Brasil deu o primeiro passo para promover a Athis em 2015, com um edital que oferecia 150 mil reais para financiar ações de desenvolvimento e socialização da Arquitetura e Urbanismo. O primeiro projeto financiado foi a concepção e execução de 98 unidades habitacionais do Loteamento Canhema II, em Diadema, SP. Com o sucesso da experiência, o Plenário do CAU Brasil aprovou a destinação de 2% do total das receitas de arrecadação dos 27 Conselhos de Arquitetura e Urbanismo dos Estados e do

38 BRASIL. Medida Provisória n. 1.162, de 14 de fevereiro de 2023.

Distrito Federal – CAU UF – para o desenvolvimento de projetos de Athis.

A Comissão Especial de Política Profissional – CPP do CAU Brasil adotou a promoção da Athis como uma de suas principais linhas de atuação, reunindo diferentes atores sociais e realizando eventos por todo o país, ampliando a conscientização e o debate sobre o tema. Uma das principais conquistas foi a assinatura de um Acordo de Cooperação Técnica com a Secretaria Nacional de Habitação do então Ministério do Desenvolvimento Regional, visando apoiar a implementação de serviços de Athis em todo o país.

Em 2018, o CAU Brasil e o Conselho Federal de Engenharia e Agronomia – Confea promoveram, em parceria, o Seminário de Assistência Técnica em Habitação Social, quando arquitetos(as) e engenheiros(as), juntos, fizeram um chamado para que a Athis se tornasse uma política de Estado no Brasil. No mesmo ano, o CAU Brasil e a revista *Projeto* lançaram uma edição especial dedicada ao tema Habitação Social. A edição vinha encartada com a Cartilha Athis, produzida em coedição pelo CAU Brasil com o CAU SC.

Em 2019, o Seminário Nacional de Athis celebrou a parceria entre o CAU Brasil, o Fórum BrCidades, a Federação Nacional de Arquitetos e Urbanistas – FNA – e os Conselhos de Arquitetura e Urbanismo de nove estados (RJ, MG, SC, RS, SE, BA, PE, PA e GO) para homenagear o arquiteto e urbanista Clóvis Ilgenfritz, um dos pioneiros da defesa da assistência técnica pública e gratuita.

No mesmo ano, o CAU BR e o CAU SP organizaram o I Seminário Internacional Archinexus – Nexos e Fluxos em Arquitetura e Urbanismo. Foram quatro dias de evento, com especialistas do Brasil e Europa debatendo temas caros à valorização do arquiteto e urbanista, como a qualidade dos serviços e equipamentos públicos, os novos arranjos profissionais e o atendimento às demandas sociais. Duas sequências deste seminário foram realizadas com conteúdo semelhante. Sempre em parceria com o CAU BR e o CAU SP, o segundo seminário aconteceu em Belém do Pará (com realização do CAU PA) e o terceiro em Aracaju, SE.

Durante o 21º Congresso Brasileiro de Arquitetos – 21CBA, em Porto Alegre, uma exposição de 31 painéis mostrou as iniciativas de Athis patrocinadas pelo CAU Brasil e pelos CAU UF, como ação preparatória do 27º Congresso Mundial de Arquitetos – UIA2021RIO.

No período da pandemia, a CPP promoveu um seminário virtual com quatro mesas de debates: ressignificação dos negócios na Arquitetura e Urbanismo; gestão e operação de Assistência Técnica em Habitação de Interesse Social; programa de crédito para obras em áreas carentes; e caminhos para um futuro comum e mais saudável. Mais de 1.100 pessoas participaram via internet. Também foi produzido o documentário "Habitação Social: uma questão de Saúde Pública", com 52 minutos de duração, que mostrou como a pandemia da covid-19 agravou a situação de vulnerabilidade das famílias que vivem em assentamentos precários e autoconstruídos.

Na Gestão 2021-2023, em meio à pandemia de covid-19, foi lançado o programa Mais Arquitetos, evidenciando que habitação social é uma questão de saúde pública. Campanhas nas redes sociais buscaram a conscientização da população de baixa renda sobre o direito a uma moradia digna[39] através da Lei de Athis. Vídeos e podcasts com influenciadores digitais impactaram uma audiência de mais de 60 milhões de pessoas. No Congresso Nacional, o CAU Brasil conseguiu que senadores e deputados federais destinassem emendas parlamentares para projetos de Athis nos municípios.

O CAU Brasil também lançou dois editais de Athis oferecendo fomento de até 2 milhões de reais para ações de construção e reformas em habitações de interesse social. O objetivo dos editais de Athis é mostrar a importância fundamental desse tipo de intervenção nas cidades brasileiras, convencendo os gestores públicos a promover essas ações na escala necessária para atingir as 25 milhões de famílias que vivem em moradias precárias. Athis é a chave para qualidade de vida em casa e na cidade e deve estar acessível para todos e todas.

Athis em áreas de desastres ambientais

Na perspectiva de promover o urbanismo social e a arquitetura popular essenciais ao programa Mais Arquitetos, o edital nº 05/2022 do CAU Brasil[40] está investindo mais 1,5 milhão de reais em projetos de Athis com foco na prevenção e mitigação de riscos e ações que visem a recuperação de áreas degradadas por desastres ambientais recentes (últimos cinco anos). Ao todo, já foram investidos 25 milhões de reais em todo o território nacional, entre os anos 2017 e 2022.[41] Além disso, emendas parlamentares somaram mais de 220 milhões de reais, denotando a importância de uma participação mais ampla do Legislativo e Executivo na promoção da Athis.

Os exemplos a seguir apontam o direcionamento desse instrumento – que, para atingir a escala necessária, requer o apoio do governo federal, estados e municípios, além da conscientização da população sobre os seus direitos e os recursos específicos.

Os projetos vencedores do edital de Athis constituem mais um passo na direção do urbanismo social com arquitetura popular e participação da população.

O caso da Reabilitação Urbana e Ambiental do Bairro Gogó da Ema (Itabuna, BA) aponta que há mais de 50 anos o bairro sofre com as enchentes. O projeto procura enfrentar esse problema histórico, a partir de uma proposta de Athis estruturada em seis fases, que envolvem desde cursos de extensão univer-

40 CONSELHO DE ARQUITETURA E URBANISMO DO BRASIL. Edital de chamamento público de apoio institucional n. 05/2022. Apoio à assistência técnica para habitação de interesse social, regularização fundiária e promoção da Habitação de Interesse Social. O mesmo apoio ocorreu no ano anterior: CONSELHO DE ARQUITETURA E URBANISMO DO BRASIL. Edital de chamamento público de apoio institucional n. 05/2021. Apoio à assistência técnica para Habitação de Interesse Social.

41 Em 2016, ainda sob a presidência do arquiteto Haroldo Pinheiro Villar de Queiroz, o CAU BR definiu uma estratégia de ações voltadas para a promoção do urbanismo social

sitária (em parceria com o programa de residência da Universidade Federal da Bahia) até a implementação de relatórios e publicações a serem entregues às prefeituras da região.

Em São Paulo, no caso do Mutirão para Mitigação de Risco em Franco da Rocha, os deslizamentos de terra já destruíram muitas moradias no bairro de São Carlos. O território íngreme, o saneamento precário e o descarte indevido de resíduos de construção potencializam os estragos em períodos de chuva intensa. O projeto prevê a construção de um muro de contenção e um dissipador pluvial na área mais afetada.

Na Casa Eco-Pantaneira (Ladário, MS), localizada no Pantanal Mato-Grossense do Sul, as queimadas constantes afetam a vida da população. O projeto de Athis, realizado na Área de Proteção Ambiental Bahia Negra, construirá habitações adequadas para a população ribeirinha, dentro das regras do Plano de Manejo da Unidade de Conservação de Uso Sustentável. Será promovida uma capacitação conjunta entre Universidade Federal do Mato Grosso do Sul – UFMS, Secretaria de Patrimônio da União e a ONG Ecoa.

A iniciativa Projeto Morar Bem, em Rio Branco do Sul, PR, visa capacitar mulheres para realização de melhorias habitacionais, promovendo a autonomia da população no processo de readequação do espaço habitado. A ideia é fornecer conhecimento e material para que a população, principalmente donas de casa, possa identificar e reparar problemas em sua moradia e comunidade. De modo indireto, toda a comunidade será impactada pela proposta, tendo em vista a multiplicação do conhecimento por meio de tecnologias sociais.

Nesse exemplo, Reurb-S nas Ocupações "Em busca de um sonho" e "Em busca por moradia", em São Carlos, SP, os moradores enfrentam diversos problemas de acesso à cidadania: risco de vulnerabilidade socioambiental, condições precárias de moradia e a insegurança jurídica sobre a posse das casas. Os pilares da ação de reurbanização consistem na recuperação de áreas degradadas, aplicação de políticas públicas ambientais, capacitação da população, divulgação e conscientização sobre Athis, entre outros.

Exemplo de urbanismo social pode ser encontrado no projeto "Entre o parque e a favela", no bairro da Coréia de Mesquita (Rio de Janeiro, RJ). A comunidade foi muito afetada pelas fortes chuvas de abril, que causaram enchentes e deslizamentos na região. Objetivo do projeto financiado pelo CAU Brasil é conscientizar e envolver a população por meio de dinâmicas baseadas na prática de jogos, exercícios e técnicas teatrais baseadas no "Teatro do Oprimido", de Augusto Boal.

O caso dramático do Plano Comunitário de Gestão de Riscos na Comunidade Caiçara de Ponta Negra (Paraty, RJ): em abril de 2022, um deslizamento atingiu casas e vitimou sete pessoas na comunidade. Desenvolvido pela Pólis Instituto de Estudos, Formação e Assessoria em Políticas Sociais, o projeto consiste na criação de um plano de gestão de riscos. A ideia é estudar e mapear a região, identificando assim possíveis riscos de deslizamento de terra, como já ocorreram anteriormente, e realocar as famílias habitantes do local.

O objetivo principal do projeto Autourb-Reurb Anchieta (São Paulo, SP) é retirar famílias da Comunidade Anchieta Grajaú de regiões de risco de deslizamentos e alagamentos e assentá-las em lotes marcados. A proposta é desenvolvida pela Peabiru Trabalhos Comunitários e Ambientais, que atua desde 2019 na ocupação, e visa não só as melhorias habitacionais na comunidade, mas também o processo de regularização fundiária e urbanística, inserindo mais arquitetos(as) e urbanistas e estudantes nesse campo de atuação.

Exemplos similares estão sendo desenvolvidos pelos Conselhos de Arquitetura e Urbanismo dos estados e do Distrito Federal, em que de 2% a 10% de cada orçamento estão sendo investidos em Athis.

Athis nos estados

Em São Paulo, o CAU SP investiu em 2022 mais de 1,4 milhão de reais na promoção de ações de Athis em todo o estado. Por exemplo, a Usina – Centro de Trabalho para o Ambiente Habitado – levou arquitetos(as) e urbanistas para o Movimento Sem Terra Leste 1, na capital paulista, para desenvolver ideias de peças pré-fabricadas leves para baratear e otimizar canteiros de obras. Foram desenvolvidos croquis e desenhos de estudo preliminar, anteprojeto e projeto executivo de formas.

O projeto Athis na Baixada Santista visa promover a capacitação de 60 arquitetos(as) e urbanistas em tecnologias sociais para Athis, através de encontros semanais, oficinas e cursos. Trata-se de um processo colaborativo para desenvolvimento de ações, protótipos e soluções em Athis e Comuns Urbanos, em parceria com moradores da Bela Vista (Vila Progresso, Santos, SP) e Vila Margarida (São Vicente, SP). Serão impactadas 150 famílias.

O edital de Athis do CAU SP também está financiando uma parceria entre a Faculdade de Arquitetura e Urbanismo da Universidade Presbiteriana Mackenzie – FAU Mackenzie e a Prefeitura Municipal de Taboão da Serra, para a realização do Curso de Extensão Residência em Arquitetura e Urbanismo – Athis. O projeto é voltado a profissionais formados nos últimos cinco anos, e alunos da FAU dos sétimo, oitavo e nono semestres, além de funcionários da prefeitura. Serão abordadas melhorias habitacionais, regularização física e novas construções em áreas definidas pela política habitacional do município de Taboão da Serra.

No Rio Grande do Sul, o CAU RS promove desde 2021 o programa Nenhuma Casa sem Banheiro, que busca levar melhorias sanitárias às residências de famílias em vulnerabilidade social. Por meio de uma parceria com o CAU RS, o governo estadual destinou 13 milhões de reais para a construção de 1.200 banheiros. Funciona assim: o Estado repassa ao município 12 mil reais por banheiro a ser construído, a prefeitura investe mais 4 mil reais como contrapartida e o CAU RS contrata arquitetos(as) e urbanistas para fazer os projetos customizados. Recentemente, a Prefeitura de Porto Alegre também aderiu.

O programa Nenhuma Casa Sem Banheiro também está sendo executado em Brasília pelo CAU DF, em parceria com a Companhia de Desenvolvimento Habitacional – Codhab. O programa vai investir 360 mil reais em 35 domicílios selecionados – 20 dessas unidades já estão prontas e outras 15 deverão ser executadas no primeiro semestre de 2023. Os projetos arquitetônicos foram elaborados por arquitetos(as) e urbanistas selecionados(as) pelo CAU DF após chamamento público. A execução das obras é de responsabilidade da Codhab.

Em Petrópolis, o CAU RJ assinou com a Câmara de Vereadores um acordo de cooperação técnica para desenvolvimento de projeto de Athis, com o objetivo de promover a requalificação de 40 casas que foram duramente castigadas pelas fortes chuvas em 2022. Por meio de edital público, o Núcleo Petrópolis do IAB-RJ (NAU Petrópolis) foi selecionado para a elaboração dos projetos, com definição de todo o trabalho a ser desenvolvido. A execução das obras será feita por meio de licitação da Defesa Civil.

O CAU AL lançou mais um edital de Seleção Pública Simplificada do Projeto Vida Nova nas Grotas, promovido em parceria com o governo de Alagoas e a ONU Habitat. O edital contratou projetos técnicos de arquitetura e atividades complementares, a nível de anteprojeto, a serem desenvolvidos por profissionais e empresas habilitadas para atuar em ações de Athis. Essa iniciativa existe desde 2018 e já beneficiou mais de 250 mil pessoas em dez comunidades de Maceió.

Na região norte, o CAU AM lançou o Concurso de Ideias Arquitetônicas em Athis – Prêmio Clóvis Ilgenfritz. Propostas serão utilizadas em uma intervenção de arquitetura social na Comunidade União da Vitória, em Manaus. Pelo menos 20 mil famílias serão beneficiadas com essa ação promovida pela Prefeitura de Manaus em parceria com o CAU AM. As propostas vencedoras receberão 48 mil reais em premiações, nas categorias profissional e estudante.

No Espírito Santo, o CAU ES publicou um edital de Seleção Pública Simplificada para contratar oito arquitetos(as) e urbanistas. Eles vão atuar em conjunto com a Defensoria Pública do Estado do Espírito Santo – DPES, prestando orientação técnica na instrução de processos de usucapião e regularização fundiária para famílias de baixa renda previamente selecionadas.

O CAU PB firmou acordo de cooperação técnica com a Prefeitura de Conde, na Paraíba, para a implementação do Escritório Popular de Arquitetura – EPA. O projeto começou em 2018 com a regularização fundiária de 44 famílias. Em 2023, a Assistência Técnica começará a ser realizada dentro da casa dos moradores: a Associação dos Moradores da Vila do Amanhecer – AMVA – foi uma das entidades selecionadas para receber financiamento do edital de Athis do CAU PB.

Os CAU UF vêm ampliando ano a ano seus investimentos nas ações de Athis. Entre 2021 e 2022, o valor total dos financiamentos foi de 8,3 milhões de reais – um aumento de 14% em relação ao ano anterior. O CAU RS, por exemplo, está investindo 9% do seu orçamento. Para consolidar todas essas ações em um só lugar, o CAU Brasil está desenvolvendo um banco de dados de Athis, que poderá ser acessado por todos os CAU UF, órgãos públicos e pela sociedade como um todo, na perspectiva de compartilhar a informação.

Parcerias e escala. Fundo de Athis em cooperação com o Ipea

Outra iniciativa de vanguarda é a parceria entre o CAU Brasil e o Instituto de Pesquisa Econômica Aplicada – Ipea. No marco do programa Mais Arquitetos (CAU Brasil), o objetivo é elaborar uma estrutura programática e modelos de gestão e financiamento que garantam a efetiva implementação da Athis e a escala das iniciativas previamente apresentadas.

Entre as ações previstas no acordo de cooperação técnica está a estruturação de um fundo de Athis do CAU, alinhado a um programa que vai ampliar a capacidade de investimento e impacto efetivo sobre a formação e atuação de arquitetos e urbanistas.

Nesse contexto, o CAU Brasil realizou duas oficinas nacionais em 2022 com a participação dos CAU UF para captar suas percepções sobre o tema, também promoveu uma pesquisa sobre como o CAU pode utilizar seus recursos para fomentar um fundo de Athis para todo o país.

A partir desse ponto o Ipea coletou informações através da realização de entrevistas semiestruturadas com os CAU UF e do levantamento das atividades em curso pelo país como subsídios para a aplicação da metodologia de modelagem lógica, desenvolvida e amplamente utilizada pelo Instituto na formulação de programas, políticas públicas e matrizes de avaliação.[42]

Com base nessa metodologia, pôde-se organizar programaticamente 154 ações que os CAU UF atualmente desenvolvem em todo o país para atingir seis resultados intermediários, que por sua vez alcançam um resultado atrelado à Athis. Tais resultados foram organizados e pactuados pela equipe a partir

42 CASSIOLATO, Martha; GUERESI, Simone. *Como elaborar modelo lógico*; BALBIM, Renato; BECKER, Maria Fernanda; CASSIOLATO, Martha; KRAUSE, Cleandro; NADALIN, Vanessa. Op. cit.;

dos subsídios. Complementarmente, os dados permitiram a definição dos públicos-alvo, dos fatores de contexto favoráveis e desfavoráveis, e do problema a ser enfrentado a partir de causas críticas definidas que provocam a problemática que tornou necessária a política de Athis.

Esse conteúdo viabiliza a estruturação de um programa de caráter federativo para Athis, ultrapassando a esfera de atuação do CAU e contribuindo para a definição de ações, entes e instituições estratégicas para a efetivação de uma política de Athis, além de mecanismos de financiamento e execução orçamentária.

Essa estruturação permite inserir na modelagem diversos atores junto aos quais o CAU Brasil e os CAU UF já desenvolvem parcerias e articulações, tendo em vista o papel de propagador da Athis que o CAU, notadamente os CAU UF, vem desempenhando por todo o país.

Além disso, tem-se a clara compreensão dos campos programáticos associados a essa política pública, notadamente nas áreas de habitação, saúde e desenvolvimento social, bem como sua vinculação às ações em curso.

Destarte, o CAU Brasil e o Ipea contam hoje com todos os elementos para propor políticas que deem escala à Athis, notadamente a partir dos esforços dos CAU UF.

Sublinhamos que essa compreensão de elementos programáticos[43] a partir das diversas experiências analisadas viabiliza o desenvolvimento de políticas públicas de Estado, em parceria com as principais pastas executoras de políticas, programas e ações de melhorias habitacionais, sociais e de saúde pública associadas à melhoria da qualidade da moradia e do habitat.

43 Público-alvo, fatores de contexto, ações, produtos e demais elementos que ... de causas e consequências.

A Athis e o Brasil como protagonista da urbanização social do Sul e para o Sul

Quando citamos a Athis como componente de uma política maior de requalificação urbanística, um urbanismo social que envolve também as grandes empresas (de saneamento, de transporte e outras infraestruturas e equipamentos) referimo-nos a um mercado de 20 a 25 milhões de unidades residenciais que poderiam, a baixo custo e com respeito as suas práticas, ter a assistência que o estado historicamente negou.

Quanto aos custos, vale uma comparação entre o valor máximo de 22 mil reais previsto para melhorias habitacionais no Manual de Instruções Programa de Regularização Fundiária e Melhoria Habitacional – Anexo[44] da Instrução Normativa 02 de 21 de janeiro de 2021 –, e os 140 mil reais de subsídios que o governo pode chegar a oferecer por unidade habitacional da Faixa 1 do novo MCMV.

Ou ainda, vale apontar que mesmo sem haver até o momento qualquer economia de escala, situação que deve ser impactante quando de um efetivo programa de Athis, a implementação de banheiros fomentada pelos CAU RS e CAU DF tem custo em torno de 11 mil reais. Ou seja, o estado brasileiro poderia com investimento de 4,4 bilhões de reais superar a vergonhosa marca de 400 mil domicílios sem banheiro em pleno século 21, valor similar[45] ao que deve ser aplicado na Faixa 1 do novo MCMV em 2024 para subsidiar 31 mil moradias.

Desse modo, ainda que programas de construção de novas moradias sejam necessários, faz-se imperioso superar lógicas corporativas que, consideradas suas técnicas e práticas, quando muito, poderão vir a se ocupar de um "mercado popular" de 3 a 4 milhões de moradias que compõe o déficit absoluto.

Ações que visam melhorias habitacionais tem o condão de, a baixo custo e potencializando circuitos

44 Aprovado pela Resolução CCFDS n. 225, de 17 de dezembro de 2020. Publicação: BRASIL "Resolução n. 225, de 17 de dezembro de 2020".

45 O governo divulgou que deve subsidiar 32 mil novas unidades no Faixa 1 do MCMV em 2024, somando valor similar ao necessário para a construção de 400 mil

econômicos populares relevantes, ainda que marginalizados, e a curto prazo, transformar a realidade das periferias urbanas, tornando-as mais sustentáveis e resilientes, com impactos em indicadores de saúde, educação, violência – inclusive de gênero –, empregabilidade, dentre outros.

Avalia-se que a transformação das práticas e dos métodos da arquitetura, constituindo uma arquitetura genuinamente brasileira, que tenha como objeto a maior parcela dos espaços urbanos, ainda precários, valorize inclusive a marca Brasil no exterior e permita a abertura de um campo econômico significativo relacionado à "diplomacia de cidades",[46] dedicada à superação internacional do modelo corporativo de desenvolvimento,[47] a exemplo daquilo que a Colômbia fez a partir dos métodos e práticas de urbanização de favelas em Medelín, uma vitrine de boas práticas e um instrumento de *soft power*, inclusive replicado como exemplo – importado – de urbanismo social no Brasil.

Ademais, essa "nova" prática de urbanização alinha-se e contribui para alcançar as metas pactuadas na agenda ambiental internacional, notadamente no caso dos Objetivos de Desenvolvimento Sustentável – ODS, considerando especialmente as relações diretas com os ODS 11, 3, 5, 6, 8, 10, 13 e 15.

Valorizar e dar visibilidade no exterior ao esforço institucional brasileiro, notadamente de seus arquitetos e urbanistas, pode ser a porta de entrada para prestar cooperações em países da África, do Sul da Ásia e da América Latina, onde se concentram a maior parte das formas precárias de urbanização e os assentamentos precários de maneira geral.

O Brasil pode e deve exercer liderança mundial por uma nova urbanização. Uma urbanização que valorize as iniciativas de sobrevivência dos mais pobres em todo o Sul global.

Para tanto, o país já conta com os recursos financeiros, muito inferiores àqueles necessários para a edificação de cidades do e para o capital, de novas unidades habitacionais e seu modelo único de viabilização industrial.

O país conta também com recursos técnicos formados por nossas universidades públicas, pelo Prouni e Fies, estudantes e profissionais com "hipotecas" a serem quitadas com a sociedade.

Soma-se uma série de processos e movimentos sociais que há 60 anos vem estruturando organizações e práticas pela reforma urbana. Atores e investimentos que podem ser organizados territorialmente com a colaboração do Sistema Único de Saúde – SUS, notadamente seus esforços na saúde coletiva, e os Centros de Referência da Assistência Social – Cras, além da organização territorial que os perímetros de tombamento histórico nacional do Instituto do Patrimônio Histórico e Artístico Nacional – Iphan – permitem qualificar participativamente com seus moradores, em grande maioria famílias que têm direito à Athis.

Considerações finais

Considerando que o orçamento para obras do programa Minha Casa Minha Vida em 2023 será de 9 bilhões de reais, garantidos pela PEC de Transição, aprovada pelo Congresso Nacional no final da legislatura passada, a meta é contratar 2 milhões de novas moradias até 2026. Com 25 milhões de moradias precárias – que precisam de obras de saneamento básico, conforto térmico, ventilação de ar e acessibilidade – fica claro que o desafio da moradia digna para todos precisa também de outras ações, capazes de ir além da construção de mais edificações.

Ações que possam manter as famílias em suas comunidades (regularização fundiária) e em suas residências atuais, porém com condições dignas de habitação. Com um detalhe importante: essa nova versão do programa vai permitir a compra de imóveis usados, para as famílias com renda entre 2.640 e oito mil reais.

Isso inclui as famílias beneficiárias das ações de Athis, com renda mensal de até três salários-mínimos (3.906 reais em 2023). Provavelmente, muitos desses imóveis usados vão precisar de reformas para que possam ser utilizados pelas famílias com conforto, segurança e salubridade. Precisamos sempre relembrar que Athis é questão de saúde pública.

Não existem empecilhos para a implantação de políticas públicas de Athis em todo o país: existe uma base legal – a Lei nº 11.888/2008 –[48] e dezenas de exemplos de ações bem-sucedidas e de boas práticas, como mostramos aqui neste artigo. O que falta, até o presente momento, são os investimentos de porte para que essas ações ganhem a escala que merecem.

O CAU Brasil e os CAU UF promovem esse debate de forma permanente e estão à disposição para ajudar prefeituras, governos estaduais e ministérios federais a formular uma política pública que envolva estados, municípios e tenha a participação da população,[49] além de recursos em um fundo em que projetos de Athis, similares aos que o CAU patrocina, possam atingir toda a dimensão do nosso território.

Acreditamos, com base nas diversas práticas já implementadas e nas pesquisas desenvolvidas, que a efetivação dos princípios estabelecidos pela lei de Athis permitirá, em relativo curto espaço de tempo e a menores custos que da produção de novas unidades habitacionais pelo mercado tradicional: (i) qualificar e dinamizar circuitos da economia relacionados à autoprodução, gerando desenvolvimento econômico nas periferias urbanas; (ii) superar, no curto prazo, a deletéria marca de 400 mil moradias sem banheiro no Brasil; (iii) enfrentar inadequações edilícias e contribuir para a superação do déficit habitacional; (iv) superar indicadores de saúde relacionados às condições precárias de habitação e pobreza extrema, a exemplo da tuberculose endêmica e das Doenças Relacionadas ao Saneamento Ambiental Inadequa-

e a construção de habitação de interesse social.

49 Sobre o tema, ver: SOMEKH, Nadia. Urbanismo social e arquitetura popular: qual participação? In: LEITE, Carlos (Org.). *Guia de urbanismo social*, p. 139-144.

do – DRSAI; e, (v) contribuir para a requalificação dos centros de cidades.

O atual esforço do CAU Brasil em fomentar a Athis e colaborar com uma política pública que enfrente a escala do problema, que está sendo sistematizado e organizado pelo Ipea, tem como objetivo alcançar seis resultados referentes a temas diversos, da formação adaptada dos arquitetos e urbanistas e qualificação dos profissionais até o apoio a prefeituras e entidades. Esses resultados concorrem para um resultado sintetizado nos seguintes termos:

> Através das ações definidas pela lei de Athis e com a participação dos profissionais de arquitetura e urbanismo busca-se assegurar: "o direito à moradia digna e à saúde do habitat, garantindo a autonomia das famílias em relação às prioridades do projeto, a conscientização de seus direitos e os meios para a execução total ou incremental das obras".[50]

Neste momento, estamos modelando as formas inovadoras de financiamento para que sejam atingidos os referidos resultados. Contudo, ressalta-se que a maior contribuição de uma política estruturada de melhoria habitacional está relacionada à construção da cidadania através do direito dos seus moradores à produção qualificada e valorizada da cidade e sua apropriação, princípios do direito à cidade.[51]

Faz-se necessária uma efetiva opção política, que de seu movimento resulte um processo de transformação estrutural, não apenas dos planos e projetos, mas também das regulações urbanas, dos mecanismos e instrumentos tributários e financeiros relacionados ao mercado imobiliário e mesmo do ensino e da prática relacionada ao tema, envolvendo arquitetos e urbanistas, engenheiros, geógrafos, sociólogos, assistentes sociais e outros profissionais, assim como

50 INSTITUTO DE PESQUISA ECONÔMICA APLICADA. Modelagem lógica para estruturação programática da Assistência Técnica de Habitação de Interesse Social – Athis (op. cit.).

os conhecimentos de saúde pública e das políticas de assistência social.

Uma arquitetura e um urbanismo de excelência se legitimam ao passo que estejam comprometidos com o seu povo, seu lugar, técnicas e práticas. E o povo brasileiro vai muito além de uma minoria com privilégios, que acessa o mercado arquitetônico como artigo de diferenciação, distinção ou luxo.

MP do Minha Casa, Minha Vida é oportunidade histórica para colocar Athis em prática

Nadia Somekh

Estadão, 31/05/2023

Nesta quarta-feira, dia 31, a Comissão Mista que analisa a Medida Provisória 1162/2023, que dispõe sobre o Minha Casa Minha Vida – MCMV, reúne-se para a moldagem final do novo programa proposto pelo governo para o atendimento das necessidades habitacionais do país, em especial da população de baixa renda.

Um dos objetivos da MP, além da construção de novas unidades, é promover a melhoria das moradias existentes. Nós arquitetos e arquitetas e urbanistas julgamos ser esse um dos principais desafios atuais de nossas cidades ao lado das mudanças climáticas, que também precisam ser consideradas nos projetos do MCMV.

Trata-se de uma oportunidade histórica para colocar em prática, em escala nacional, a Lei de Assistência Técnica em Habitação de Interesse Social (nº 11.888/2008), que garante a assistência pública e gratuita prestada por arquitetos(as) e engenheiros(as) contratados pelo poder público para construção e reforma de residências de famílias com renda de até três salários-mínimos.

Essas propostas constam de emendas à MP apresentadas pela deputada federal Denise Pessôa (PT-RS), também arquiteta e urbanista, por sugestão do Conselho de Arquitetura e Urbanismo do Brasil.

Segundo a Fundação João Pinheiro, existem quase 25 milhões de moradias inadequadas no Brasil. São problemas de regularização fundiária e de infraestrutura da construção como falta de banheiro e pisos, tetos e paredes descobertas, sem acesso a água e esgotamento sanitário, sem iluminação natural e circulação de ar. Situações de insalubridade que colocam em risco diariamente a saúde de seus moradores.

O déficit habitacional do Brasil é de 5,8 milhões de novas residências. Ou seja, o problema das moradias inadequadas é quase quatro vezes maior, por representar 80% dos desafios habitacionais do país.

Não faz sentido investir todo o orçamento das políticas habitacionais apenas em novas unidades se a maioria das pessoas precisa de reformas feitas por profissionais técnicos habilitados como previsto em lei. Mas é assim que tem sido feito há décadas. A Fundação João Pinheiro calcula que o valor investido em uma unidade habitacional nova é suficiente para financiar de 12 a 15 reformas em moradias precárias.

Essas proposições foram debatidas com o relator deputado Marangoni (União-SP) em audiência pública no dia 4 de maio e novamente no dia 27, com os parlamentares participantes do IX Seminário Legislativo de Arquitetura e Urbanismo, realizado pelo CAU Brasil e a Comissão de Desenvolvimento Urbano da Câmara.

Nossa luta pela moradia digna para os brasileiros vai além de palavras. Desde 2017, o mínimo de 2% do orçamento anual do CAU Brasil e dos 27 CAU dos estados e do Distrito Federal são aplicados em ações de Assistência Técnica em Habitação de Interesse Social (Athis). Cerca de 23 milhões de reais foram investidos até 2022 em 230 ações de Athis, abrangendo 25 territórios, com aproximadamente 27 mil moradores impactados e cerca de 566 profissionais de arquitetura, engenharia, serviço social e saúde mobilizados.

Atuamos em parcerias com governos estaduais e municipais e entidades internacionais. No Rio Grande do Sul, o programa Nenhuma Casa sem Banheiro promove melhorias sanitárias e, em Alagoas, o programa Vida Nova nas Grotas realiza reformas de moradias abaladas. Em 2022, foram investidos recursos para prevenção e mitigação de riscos climáticos e recuperação de áreas degradadas por desastres ambientais.

Estamos à disposição para fazer mais com o objetivo de oferecer dignidade a 25 milhões de moradias – 60% delas chefiadas por mulheres. Vamos juntos deputados(as) e senadores(as)?

“Seguiremos buscando sensibilizar o povo sobre o direito à Athis”

Entrevista com Nadia Somekh concedida à jornalista Kelly Ribeiro sobre a Lei da Athis

Portal ECOA (UOL), agosto de 2021

R Eu nunca tinha ouvido falar nessa lei, fiquei espantada ao questionar outras pessoas e elas também não saberem. Por que você acha que isso acontece? É uma falha de comunicação do poder público?

S Realmente, não interessa para o poder público. A história da política habitacional brasileira mostra bem o desinteresse de uma ação efetiva nesse sentido. O próprio BNH (Banco Nacional da Habitação), que foi criado em 1964 para construir habitação para os mais pobres, se voltou para as classes médias urbanas. E isso não é um exemplo isolado. Então essa lei de 2008, que assegura às famílias de baixa renda assistência técnica pública e gratuita para o projeto e a construção de habitação de interesse social, cria espaço para as pessoas conhecerem seus direitos e as possibilidades decorrentes. A lei se situa dentro de uma proposta mais ampla de valorizar a arquitetura e fazer com que mais projetos de qualidade sejam voltados para a população brasileira. Não só os mais pobres, mas também classes médias e mesmo projetos de elite. Por quê? Oitenta e cinco por cento das edificações brasileiras são feitas sem arquitetos. Então há um amplo trabalho a ser feito de conscientização da população sobre o que os arquitetos podem trazer de qualidade. Não só para as edificações, como para as cidades. Começamos e continuaremos com a difusão da Athis, mas também buscaremos falar com outros segmentos da população que desconhecem nosso ofício e o que agregamos para sua vida.

KR Qual o balanço que vocês fazem das lives até agora?

NS O balanço das lives realizadas com influenciadores digitais que falam diretamente para a população de baixa renda apresentou resultados excelentes. Em pouco mais de dois meses, tivemos oito milhões de visualizações de nossas publicações no Instagram e no Facebook. Esse foi, justamente, nosso primeiro passo no sentido de valorizar a arquitetura brasileira. Sensibilizar os mais pobres que existe essa lei, sensibilizar os gestores públicos que podem fazer isso e mostrar que o Conselho também tem recurso para apoiar essa perspectiva de dar saúde à população mais pobre melhorando as suas edificações, as suas moradias, que requerem, às vezes, pequenas intervenções. Como é o caso do programa do CAU Rio Grande do Sul, Nenhuma Casa Sem Banheiro. Tem casa no Brasil sem banheiro! Então isso é inadmissível. Os números são significativos, mas não vamos parar por aí. Porque os influenciadores estão querendo continuar esse trabalho. E nós, como disse, vamos continuar a sensibilizar a população que ela tem direito, que existe essa lei e que a gente precisa trabalhar nessa perspectiva de melhorar a vida da população brasileira através das suas moradias.

KR Há previsão de novas ações nesse mesmo molde?

NS Sim, há novas ações nesse mesmo modelo. É tudo parte do programa Mais Arquitetos como foi essa primeira. Seguiremos buscando sensibilizar o povo que ele tem direito, os gestores públicos que eles têm essa lei que eles mesmos não conhecem e montar um roteiro para replicar essa experiência em todo o território nacional. Mas não só. Eu acho que vamos continuar sensibilizando porque a escala que a gente precisa atender é muito grande. Então temos um longo percurso pela frente, uma "cruzada nacional".

KR Como o CAU intensificou o contato com o governo federal, congressistas, prefeitos e vereadores para levar o Manifesto e obter adesões concretas? Houve uma resposta?

NS Sim, está havendo retorno. Temos um convênio de cooperação técnica com o Ministério do Desenvolvimento Regional para fazer trabalhos de capacitação para arquitetos trabalharem na implementação de melhorias nas moradias com a Lei de Athis. Como parte da "cruzada", estamos promovendo reuniões presenciais e virtuais no Congresso, mostrando aos parlamentares a importância da aplicação dessa lei. E propondo emendas para o próximo orçamento. Prefeitos, vereadores e governos estaduais têm à sua disposição, no site www.caubr.gov.br/moradiadigana, um kit com as principais informações sobre como aplicar a Athis, inclusive minutas de legislação. Mais de 500 gestores e outros interessados já fizeram o "download" desses kits em apenas 15 dias. Mas nós também queremos falar com os outros, como os secretários de Habitação dos estados, a Confederação

Nacional dos Municípios. Então essa perspectiva de cruzada tem a perspectiva de avançar.

KR A população, de modo geral, conhece pouco seus direitos em relação à moradia. Consequentemente, isso influencia para que ela não cobre por eles? Como podemos nos posicionar e garantir esses direitos?

NS A questão da moradia digna ainda precisa sensibilizar toda a população do país, não só gestores públicos, para que isso seja visto efetivamente como um problema a solucionar. Eu vou repetir que a história da política habitacional mostra ausência de uma política habitacional efetiva. Minhas pesquisas como acadêmica têm demonstrado isso. A população desconhece os seus direitos, mas eu acho que nós estamos começando a sensibilizar. Como que a gente pode se posicionar e garantir esses direitos é o que a gente está tentando fazer e eu acho que também a Defensoria Pública, os advogados, já há muitos pensando nessa perspectiva. Reitero que a história da urbanização brasileira mostra a história justamente da exclusão, em favelas, em loteamentos clandestinos periféricos, a ausência de políticas habitacionais que eu estou reiterando aqui e planos diretores que só atendem aos interesses do setor imobiliário e na verticalização. Eu sou uma pesquisadora da verticalização e você pode consultar os nossos trabalhos de grupo de pesquisa.

Nadia Somekh: arquitetos são profissionais de saúde

1 Portal Habitability, 01/05/2023

Arquitetura significa "arte e técnica de organizar espaços e criar ambientes para abrigar diversos tipos de atividades humanas, visando determinada intenção plástica". Fora das páginas do dicionário, arquitetura significa criar ambientes onde as pessoas possam habitar com dignidade e viver bem. Em um país onde 25 milhões de moradias são precarizadas, o trabalho do arquiteto ganha outro grande propósito: promover o desenvolvimento, a igualdade e o bem-estar.

Sob essa perspectiva, a presidente do Conselho de Arquitetura e Urbanismo do Brasil – CAU BR, Nadia Somekh, afirma: "Arquitetos são profissionais de saúde". Para ela, a casa e o espaço urbano podem adoecer ou curar uma pessoa, tanto que o poder de uma reforma[1] é gigantesco, tanto para o indivíduo, quanto para a vizinhança. Um ambiente interno insalubre, por exemplo, pode causar doenças, como pneumonia e alergias crônicas. Combinado com um bairro sem infraestrutura de esgoto, há riscos de doenças ainda mais graves, como leptospirose ou hepatite A. Por isso, explica Nadia, a arquitetura deve ser considerada uma área da saúde. Reconhecer esse fato é essencial para mudar a realidade brasileira, em que 82% das moradias são erguidas sem apoio de arquitetos ou engenheiros. Outro dado importante – e desolador – das 25 milhões de moradias insalubres, 11 milhões têm problemas construtivos, como ausência de banheiro exclusivo, falta de revestimento em paredes, cômodos improvisados em dormitórios e falhas de coberturas e pisos. 2

Nadia é professora emérita da Universidade Presbiteriana Mackenzie, foi diretora da Faculdade de Arquitetura e Urbanismo e coordenadora da estruturação do programa de pós-graduação. Também foi conselheira do Instituto dos Arquitetos do Brasil – IAB e da União Internacional de Arquitetos – UIA. Como pesquisadora, a presidente do CAU BR se debruçou sobre os efeitos da verticalização no urbanismo brasileiro e chegou a uma realidade incômoda: os mais pobres foram excluídos do crescimento vertical das cidades. Os planos diretores,[2] indica Nadia, pouco fizeram para apoiar a população mais vulnerável, que tem sido colocada cada vez mais às margens da cidade, excluída também do espaço público, em uma situação que Nadia chama de "desurbanidade".

A cidade sem humanidade, diz ela, nada mais é que uma cidade "desurbana", que não agrega e nem acolhe as pessoas. "Para resgatar a humanidade, precisamos pensar em ações de urbanidade." Ações como o programa Nenhuma Casa sem Banheiro, promovido pelo CAU no Rio Grande do Sul com objetivo de construir banheiros para moradias precarizadas para mais de 11 mil pessoas no estado.

"Arquitetura é melhorar a vida da população. É uma missão através da poética, diferentemente do engenheiro, que traz a visão técnica, nós temos

3

uma missão transcendente porque usamos a arte e a nossa sensibilidade para projetar. A arquitetura é a sensibilidade aplicada na melhoria das condições humanas", fala Nadia.

Como presidente do CAU BR, Nadia apoia o projeto Mais Médicos/Mais Arquitetos,[3] que colocaria arquitetos para apoiar os postos de saúde da família espalhados pelo país. "Seria uma forma de observar se a casa das pessoas que chegam com problemas crônicos de saúde nos postos está ajudando ou piorando a condição delas", comenta Nadia.

A partir dessas análises feitas na ventilação do lugar, na iluminação e até na condição dos cômodos, poderá existir um programa que ajude o financiamento de obras naquele ambiente, para torná-lo mais adequado para a saúde dos moradores.

Para Nadia, falar de moradia digna para todos não se trata de um programa de assistência social, e sim de geração de riqueza. "Estamos falando de desenvolvimento de mão de obra local, de venda de material de construção, de promover saneamento, infraestrutura... A população com a moradia melhorada pode consumir mais, ter mais saúde, estudar mais", fala Nadia.

A importância do arquiteto para a saúde pública

Resenha da entrevista de Nadia Somekh ao programa Cidade Viva

BandNewsTV, 29/05/2021

Em 29 de maio de 2021, em entrevista ao programa Cidade Vida, da BandNewsTV, a presidente do CAU Brasil, Nadia Somekh, debateu sobre habitação de interesse social e como o trabalho dos arquitetos é capaz de oferecer saúde e qualidade de vida aos brasileiros. O secretário de Habitação do Estado de São Paulo, Flavio Amary, foi outro entrevistado do programa conduzido pela jornalista Ana Paula Padrão, a ser reprisado em dias posteriores pelos canais 579 (NET) e 571 (SKY).

A presidente falou como o CAU Brasil vem trabalhando para criar ações efetivas frente aos problemas de moradia precária no país, principalmente para famílias de baixa renda. “Nós, arquitetos, somos responsáveis, a essência do nosso ofício é trazer a saúde da população, começando pela moradia”, destacou a presidente. (Uma das ações é a campanha Mais Arquitetos, por moradia digna para todos, com foco na necessidade do poder público implementar programas de assistência técnica em habitação de interesse social, que estreou no dia 26 de maio).

Ela lembrou que atualmente 85% das edificações no Brasil são feitas sem engenheiro ou arquiteto. Por isso o CAU está buscando sensibilizar a população que o arquiteto é necessário e assumiu como missão a defesa da assessoria técnica. "Parece que a população acha que arquiteto é só aquele para gente chique, que faz lindos desenhos... E não é, nós precisamos de arquiteto pé no chão, arquiteto que chega aí nessa população".

O programa foi gravado no dia 7 de abril. Conversando antes de entrarem no estúdio, Nadia Somekh propôs ao secretário Flávio Amary uma parceria para expansão da assistência técnica no estado. "Estou propondo, porque nós temos essa missão, nós temos um mínimo que gastar 2% em cada estado brasileiro em Assessoria Técnica de Habitação de Interesse Social, que é para melhorar as moradias da população mais pobre, que precisa ter uma casa digna nesse momento da pandemia em que temos 4 mil mortes por dia. Eu vim de preto hoje porque eu estou me sentindo em luto nessas condições. A gente precisa dos recursos dos estados e das prefeituras para complementar a nossa atividade de melhorar a vida, a saúde da população."

No ar, o secretário não só aceitou a proposta, como promoveu no dia 20 uma reunião com as presidentes do CAU Brasil e Catherine Otondo, do CAU SP, com o qual será assinada parceria. "Eu agradeço porque defendo a ideia de que quanto mais a gente faz coisas nós fazemos mais e melhor. Ou seja, a gente pode construir mais e o apoio do arquiteto é fundamental para que a gente além de construir, com a criatividade, a competência técnica e a fiscalização do Conselho."

Além disso, o secretário convidou Nadia Somekh para comparecer a uma reunião do Fórum Nacional dos Secretários da Habitação, que ele preside, para compartilhar suas ideias e discutir colaborações. "Como o CAU Brasil é um conselho nacional, essa parceria pode ser estendida para outros estados, através dos conselhos regionais."

Elitização

As causas dos problemas habitacionais do país também fizeram parte da conversa. Professora emérita da Universidade Mackenzie, Nadia Somekh estuda o crescimento vertical de São Paulo há 40 anos e, segundo ela, uma lei de 1957 elitizou os prédios dos bairros centrais, ao favorecer a construção de grandes apartamentos em detrimento às "quitinetes", uma forma de moradia mais acessível. Em consequência, para a população de menor renda não houve outra alternativa a não ser morar nos bairros mais distantes da cidade, inclusive em loteamentos periféricos irregulares.

"As áreas mais densas da cidade de São Paulo não são as áreas verticalizadas. São Paulo é vertical, mas não é densa. As áreas mais densas estão na Zona Norte, na Vila Brasilândia, na Vila Cachoeirinha. É lá, onde tem a população morando densamente, que precisamos atuar."

Segundo Nadia Somekh, "a criação do BNH nos anos 1960 poderia ter resolvido a questão, mas o que se viu foi que seu foco foi a população que podia pagar, a classe média, o que levou a um "boom" de novos prédios nos anos 1970. E os mais pobres continuaram afastados das políticas habitacionais. E hoje o que se vê nas políticas habitacionais é que a escala de intervenção não dá conta da demanda. Um terço das moradias brasileiras necessita de melhores condições. E a pandemia escancarou essas deficiências. A gente tem que tirar o atraso, o que o CAU se propõe a ajudar".

Para Flávio Amary, é preciso entender a composição do déficit habitacional e sua regionalização para nortear a política habitacional. "Não é só fazer casa. É cuidar da inadequação, da falta do banheiro, de uma cobertura, a irregularidade dos domicílios e a regularização fundiária, para se ter o endereço formal. E tem uma outra grande vertente, que foi o que a Nadia colocou aqui agora, que são as legislações municipais, estaduais e federais. Cada qual com a sua responsabilidade. O uso do solo é definido pela legislação municipal. Quando nós limitamos o crescimento das cidades à não verticalização, à não ocupação melhor daqueles terrenos, nós expulsamos as pessoas para as periferias, trazemos problemas de mobilidade, de qualidade de vida... Então é importante atuar na legislação municipal, tirando algumas travas em que nós limitamos o acesso principalmente da população de mais baixa renda. E isso vale também, muitas vezes, nas restrições urbanísticas e outras esferas."

Ele afirmou que a Secretaria de Estado da Habitação vem buscando, dentro das limitações legais, desburocratizar processos e aprovação. "Quando nós demoramos muito para aprovar um projeto habitacional, nós diminuímos a oferta e aumentamos o preço, é fácil de entender."

Aluguel x casa própria

O aumento de preço se verifica não só para aquisição, mas também nos aluguéis. "Mesmo na periferia não é raro que o aluguel comprometa muito mais do que 30% da renda para ter um teto", lembrou a jornalista Ana Paula Padrão. O secretário lembrou que, segundo a Fundação João Pinheiro, mais de 50% da causa do déficit habitacional é o ônus excessivo do aluguel. "Para isso tem uma solução específica: buscar aumentar a oferta de imóvel, que não precisa ser necessariamente do poder público. Pode ser incentivando a iniciativa privada, aumentando a oferta, porque quando aumenta a oferta você naturalmente diminui o valor do imóvel. Podemos incentivar a ocupação nos centros das cidades não trazendo tanta dificuldade na aprovação de projetos."

O secretário afirmou que está em tratativas com a Prefeitura de São Paulo para a criação de um ponto único de aprovação, tornando o processo mais rápido. "Às vezes, as pessoas esperam 40, 50 anos morando ali naquela casa, sem nenhuma estrutura na construção, de um profissional capacitado para construir."

Nadia Somekh lembrou, contudo, que a história da urbanização brasileira é marcada pela ideologia da casa própria, que fez com que a política habitacional não se baseasse no aluguel. "Na França, por exemplo, o aluguel é uma das formas que possibilita reduzir, inclusive, os congestionamentos. Na medida em que a gente mora perto do trabalho, a gente muda de trabalho, a gente aluga uma outra. Mas, no Brasil, o aluguel não foi colocado como uma alternativa."

O secretário anunciou que São Paulo fará em breve o projeto-piloto "casa rápida". Segundo ele, há muitos municípios onde existem terrenos prontos, com boa topografia, infraestrutura implantada e empresas que podem construir moradias de modo muito rápido. "O que nós vamos fazer? Juntar os dois. E são construções mais baratas, porque são mais rápidas, sistema construtivo onde você monta a casa, vem pronta."

A jornalista Ana Paula Padrão disse estar muito feliz "de saber que o Conselho tem uma visão social, preocupado com quem está morando em um grau de precariedade que compromete saúde, primeira infância, capacidade de aprender e algum tipo de crescimento". E concluiu: "Arquiteto não é para gente rica. Arquiteto é para quem mora. Qualquer um que more. Que o direito à moradia de qualidade seja garantido. Porque é questão de saúde pública".

Moradia digna para todos: Nadia Somekh fala sobre o complexo problema da habitação no Brasil

Nadia Somekh, convidada do podcast Betoneira, fala sobre habitação para todos

Archdaily, Podcast Betoneira, 16/07/2023

Com sua larga experiência no poder público, atuando como arquiteta, gestora e militante, Nadia começa a conversa dizendo que ainda não estamos em um bom momento de políticas públicas de habitação, mas estamos caminhando. Seus estudos sobre a verticalização mostram que desde 1957 a legislação e regulação urbanística da cidade de São Paulo excluiu os mais pobres dos apartamentos. A legislação impediu a construção de quitinetes na Avenida Nove de Julho e Avenida Paulista, por exemplo.

A arquiteta disse que não há abrigo para a população mais pobre do país e que políticas como o Minha Casa, Minha Vida são programas de comprometimento da renda do trabalhador, não exatamente programas de habitação social. A regulação urbanística, historicamente, excluiu a população mais pobre, negando o acesso ao mercado.

É necessário fazer uma política nacional de Athis.

Outra informação importante trazida pela convidada foi o cenário precário envolvendo as condições de trabalho dos arquitetos: 55% dos profissionais ganham até três salários-mínimos. O CAU Brasil está fazendo um trabalho no Congresso Nacional para ajudar os arquitetos, gerando empregos e emendas para o programa Athis (Assistência Técnica em Habitação de Interesse Social). Segundo Nadia, é preciso proteger a sociedade, melhorar a vida da população e também dos arquitetos. Dois por cento do orçamento do CAU BR e do CAU em diversos estados, no mínimo, é para pagar projetos de arquitetura, visando melhorar a vida da população.

A Assistência Técnica em Habitação de Interesse Social oferece a possibilidade de um arquiteto recém-formado ou em início de carreira atuar junto à população que mora precariamente. Ele pode propor, de maneira mais técnica, soluções para os problemas habitacionais dessas comunidades. "Queremos mais arquitetos trabalhando para melhorar a sociedade, essa é uma das missões do CAU BR." A gentrificação está presente no país inteiro e a regulação urbanística prioriza os interesses imobiliários. A informalidade das periferias é o resultado do urbanismo corporativo".

"O urbanismo corporativo só pensa na lucratividade; é possível construir com qualidade e dar lucro, o problema é só a lucratividade e a gentrificação."

Para o arquiteto que deseja se envolver com o programa, o passo a passo é buscar os editais no seu estado, nas redes sociais do CAU. O arquiteto precisa estar vinculado a uma comunidade e propor um projeto. Aprovado, ele é remunerado pelo edital e pelo CAU. A ideia, segundo Nadia, é ganhar escala, e, para isso, os representantes do CAU BR estão batendo na porta dos gabinetes e ministérios.

Nadia Somekh também explicou que uma janela mal virada e um chão mal feito, a depender das circunstâncias, podem causar doenças e, portanto, o arquiteto é um profissional de saúde. "Cada sede do SUS poderia ter um arquiteto." A perspectiva do trabalho do CAU é, também, achar trabalho para os arquitetos.

A capacitação para o programa Athis começa na faculdade, uma vez que o arquiteto precisa ser um pouco transgressor para lidar com todas as complexidades das comunidades, propondo soluções. Já o Minha Casa, Minha Vida foi tema do final da conversa. É preciso construir com qualidade, residências bem feitas com varanda e dignidade. Não pode ser qualquer coisa. E as construtoras não devem cooptar totalmente o programa. Nadia Somekh convidou todos a se juntarem na empreitada de melhorar a habitação e a vida dos arquitetos.

Manifestações sobre cidade e ambiente

CAPÍTULO 3

O Brasil precisa de mais Arquitetura e Urbanismo: nas obras de reforma e construção, no planejamento das cidades e também no debate público. Como pesquisadora, gestora pública e ativista da minha profissão, sempre achei importante manifestar a minha visão de arquiteta e urbanista em questões que repercutem na sociedade, seja na discussão de políticas públicas ou na reação a acontecimentos importantes. Nos textos a seguir, procurei usar meu conhecimento técnico para contribuir com o debate público sobre temas de destaque no noticiário, desde o lançamento do "Feirão dos Imóveis" até a tentativa de Golpe de Estado no dia 8 de janeiro de 2023.

O "feirão" e o desenvolvimento das cidades

Nadia Somekh
e Maria Elisa Baptista

Folha de S. Paulo, 21/09/2021

O anúncio da venda em feirão de imóveis de mais de duas mil propriedades da União no Rio de Janeiro é o princípio de um desastre irreparável. Se é alto o custo urbanístico de imóveis vazios – cascas sem alma que pioram as já precárias condições ambientais e paisagísticas de nossas cidades e não cumprem a função social exigida na Constituição brasileira – mais alto ainda será o custo de sua venda atabalhoada, provavelmente na bacia das almas, sem atender a planos articulados de recuperação e melhoria do centro do Rio e potenciais outras cidades. A malfadada ideia de um feirão apoia-se na lei 14.011/2020 que permite que todos os imóveis públicos federais recebam uma PAI (Proposta de Aquisição de Imóveis) de qualquer cidadão interessado na compra.

É preciso dizer que, entre esses imóveis, há muitos tombados pelo Patrimônio, identificados como bens da nação cuja guarda não pode ser alienada. A lei da PAI passa de forma inconstitucional por cima do Decreto Lei No. 25/937, que especifica que um bem público tombado não pode ser alienado, apenas transferido para outra instituição pública.

Um deles é o Palácio Gustavo Capanema (originalmente Palácio da Cultura), ícone da Arquitetura Moderna do Brasil, bem tombado pelo Iphan e indicado para entrar na lista do Patrimônio Mundial Cultural da UNESCO. Após forte pressão popular e internacional, o edifício teria sido retirado do feirão, não se descartando, porém, a venda de alguns andares. O edifício – construído nos anos 1930 e 1940 para sediar o então Ministério da Educação e Saúde – é símbolo do sonho brasileiro de modernidade. Ele une arquitetura, paisagismo e artes no projeto excepcional de Lucio Costa e equipe, na qual estava Oscar Niemeyer, com consultoria de Le Corbusier, e nos jardins de Burle Marx, azulejaria de Cândido Portinari e esculturas de Bruno Giorgi e outros artistas, abrigando acervos de valor inestimável.

No caso do Palácio Capanema, o lance mínimo não chegava a um terço dos 100 milhões de reais investidos desde 2014 no seu primoroso restauro. Um paradoxo, já que o objetivo da iniciativa é "fazer caixa" para o governo – aliás sem especificar onde o dinheiro seria empregado.

Uma política de Estado deve orientar a ocupação desses edifícios, recuperando-os para usos necessários e urgentes. Somos a favor de políticas que deem novos usos aos imóveis vazios, para que cumpram sua função social, em articulação com programas de recuperação dos centros, articuladas com programas de revigoramento da economia não apenas do Rio, mas de outras cidades brasileiras. Os imóveis sob a guarda do Serviço do Patrimônio da União representam uma chance imperdível de melhorar nossas cidades, principalmente com moradia e equipamentos urbanos (educação, saúde, cultura!). Vendê-los, como previsto, em um feirão de imóveis, multiplica o salve-se quem puder que hoje caracteriza nossas cidades desenhadas e geridas por um voraz mercado imobiliário.

Ainda há tempo para evitar o desastre total. O patrimônio ambiental e cultural de um país é a riqueza que nos permitirá, mais que projetar nosso futuro, vivê-lo.

A cidade das desigualdades

Nadia Somekh
e Cândido Malta
Campos Neto

Estadão, 08/11/2021

A celebração, neste 8 de novembro, do Dia Mundial do Urbanismo, no ano em que o Estatuto da Cidade completa duas décadas de existência, enseja uma reflexão sobre o alcance da regulamentação urbanística no país, tendo como pano de fundo as discussões em curso sobre o novo Plano Diretor de São Paulo.

O artigo 182 da Constituição Federal de 1988 prevê que "a política de desenvolvimento urbano, executada pelo poder público municipal [...] tem por objetivo ordenar o pleno desenvolvimento das funções da cidade e garantir o bem-estar de seus habitantes".

Foram necessários 23 anos para que a aprovação do Estatuto da Cidade traduzisse isso em uma legislação minuciosa, que regulamentou diferentes instrumentos urbanísticos – dos quais se valeriam os planos diretores estratégicos e as leis de parcelamento, uso e ocupação do solo.

Contudo, duas décadas depois, o que se constata é que as desigualdades da ocupação do território em São Paulo se exacerbaram, ao invés de serem mitigados os distanciamentos sociais e espaciais. De certa maneira, processos político-sociais, utilizando-se da legislação urbanística, acabaram colocando-a contra si mesma.

É bem verdade que não faltaram boas intenções. As ações do planejamento urbano municipal paulistano, no século 21, se alicerçam em importantes avanços conquistados ao longo das últimas décadas, em direção ao fortalecimento do poder de gestões democráticas e ao incremento da justiça social. Porém, a despeito dessas diversas inovações, houve várias instâncias de apropriação dos ganhos pela iniciativa privada, particularmente pelo setor imobiliário.

Na prática, pontos da regulação urbanística, com seus instrumentos, planos e propostas, fragmentaram ainda mais a capital paulista – a demonstrar que um dos principais desafios da São Paulo contemporânea é a busca pela redução das desigualdades socioeconômicas, através de um pensamento urbano racional, inclusivo e ambientalmente responsável.

Muitas são as desigualdades históricas de São Paulo, e uma das mais flagrantes é fruto de um processo de espraiamento territorial e de elitização do crescimento vertical da cidade, o que a legislação recente não apenas não conseguiu estancar, mas, ao contrário, reforçou.

Para ficar num exemplo, vejamos um desses instrumentos, a outorga onerosa. Ela possibilita à prefeitura a negociação do direito de construir acima do estabelecimento em determinada região da cidade, atendendo às demandas dos agentes privados; com o pressuposto de uso de recursos arrecadados na reversão de quadros de precariedade socioterritoriais, historicamente presentes na ocupação humana.

A produção imobiliária em si não é problemática, desde que seja inclusiva: ou seja, não excluindo os de menor poder aquisitivo, que são obrigados a procurar soluções de moradia irregulares e muitas vezes precárias. A outorga onerosa tem, muitas vezes, permitido às construtoras verticalizarem com prédios de alto padrão (e custo) bairros já consolidados, expulsando seus moradores, gente pobre e de classe média.

Repete-se um fenômeno dos anos 1950, quando uma lei municipal incentivou a construção de edifícios com grandes apartamentos na região central, acabando com as quitinetes, que eram uma forma de moradia da população de classe média baixa.

Resulta disso que São Paulo é uma cidade vertical, mas não densa, como muitos imaginam. Com o espraiamento territorial, a falta de concentração de densidade causa outra desigualdade, pois exclui os segmentos de menores recursos do acesso aos bairros com melhor infraestrutura, e maior acesso aos diferentes modais de mobilidade.

A forma urbana da cidade espelha essas desigualdades. Perdeu-se a relação generosa que já houve entre a qualidade dos edifícios e o espaço público. A chamada necessidade de segurança disseminou condomínios fechados que não propiciam espaços públicos democráticos.

Hoje, torna-se fundamental uma análise crítica de tais instrumentos, bem como as formas de sua aplicação pelos atores públicos e privados. Também temos que lembrar uma das principais desigualdades: o financiamento. Os recursos de financiamento disponibilizados pelo Estado ou pela iniciativa privada para a produção habitacional não atendem famílias com renda menor que 1,5 salário-mínimo. O resultado é que, por conta do uso ainda insuficiente de instrumentos de financiamento do desenvolvimento urbano pelo poder público, o mercado se encarrega de resolver como será a cidade em que vivemos.

O cotidiano da cidade e a verticalização

Nadia Somekh

Revista Móbile (CAU SP), Ed. 25, maio de 2022

Está em curso em São Paulo uma consulta pública aberta pela prefeitura objetivando a revisão intermediária do Plano Diretor de 2014. A mídia tem dedicado pouco espaço ao assunto, e mesmo a sociedade não está mobilizada o suficiente.

Não deveria ser assim, pois a revisão do Plano Diretor talvez seja a última oportunidade para discutirmos mitos e verdades sobre a regulação urbana da cidade que impactam cruelmente o cotidiano de sua população: a convivência com uma cidade formal, cada vez mais verticalizada, e um mar de moradias precárias nas periferias urbanas.

Um dos mitos sustenta a defesa do frenético ritmo de verticalização dos bairros centrais da cidade com o argumento de que a transformação irá adensar a ocupação da região. A verticalização é um grande passo na solução do aproveitamento do espaço, no entanto, o modo como ela se deu em São Paulo contribuiu para que a cidade nunca concretizasse um projeto de urbanidade consistente e efetivo. O que está ocorrendo é a continuidade da elitização da produção imobiliária, com edifícios residenciais de alto padrão, apartamentos para poucos moradores, voltados para um novo rentismo *Airbnb*, o que não significa, portanto, densidade alta.

A produção imobiliária em si não é problemática, desde que seja inclusiva, mas isso não vem acontecendo e não é de hoje.

O processo de verticalização da capital paulista, historicamente, excluiu a população mais pobre dos apartamentos. Até hoje, a regulação urbanística desconsidera o lugar da população de baixa renda na cidade. Esse é o nosso cotidiano.

Localizamos em 1957, com a lei municipal Nº 5.261, o início do processo de elitização da verticalização de São Paulo. Mais precisamente, com a cota mínima de 35 metros quadrados de terreno e a limitação de coeficientes a 4 e 6. Até esse ano, a legislação limitou-se apenas ao estabelecimento de alturas máximas das construções. A partir de então, a produção de pequenos apartamentos, que abrigava populações mais pobres em áreas centrais, acabaria também por limitar o tipo de população que poderia morar em apartamentos. Grandes apartamentos foram produzidos a partir dessas limitações devido à alta densidade.

Havia uma dupla justificativa para a definição das densidades: em primeiro lugar a tentativa de solucionar o congestionamento advindo do crescimento vertical e, fundamentalmente, "proteger a família" que, segundo o engenheiro e arquiteto Anhaia Mello (1891-1974), um de seus formuladores, vivia em edifícios "com centenas de apartamentos de quarto, banheiro e a tal de quitinete, que se resume em um cantinho com um bico de gás para empestear o ambiente do quarto e banheiro". Como consequência, a verticalização se elitizou produzindo grandes apartamentos e excluindo famílias que moravam em áreas centrais e em pequenos apartamentos. As quitinetes deixaram de atender à população mais pobre, que precisou resolver sua questão de moradia espraiando-se em cidades vizinhas, principalmente em favelas, cortiços e loteamentos periféricos e irregulares, que cobrem 65% do território paulistano.

O processo foi se agravando com o tempo. De 1967 a 1972, com a "verticalização do milagre", o índice de crescimento vertical foi bastante significativo, iniciando-se com as ações do Banco Nacional da Habitação – BNH na promoção do desenvolvimento imobiliário. De 1972 a 1988: a "verticalização pós-zoneamento", que se instala depois de promulgada a legislação de zoneamento, passa pela desaceleração econômica da década perdida, pelo fim do BNH em 1986, até a Constituição de 1988 e do Plano Diretor de 1988.

A legislação, até hoje, atende somente às necessidades da produção de mercadorias formais, que conformam uma São Paulo vertical, mas não densa.

As áreas de maior densidade estão junto às comunidades e nas periferias da cidade. O Plano Diretor deve, obrigatoriamente, olhar para essa população expulsa das áreas centrais com infraestrutura consolidada.

A cidade compacta se tornou nos últimos anos a tábua de salvação para o planejamento nos grandes aglomerados urbanos.

Aliando altas densidades populacionais com uso misto, estruturadas ao longo de eixos de transporte coletivos, esse "modelo de cidade" vem se tornando um paradigma para "boas práticas" do planejamento e do desenho urbano em diversas escalas em diferentes localidades e realidades, desde projetos urbanos sustentáveis nos Estados Unidos, alternativas habitacionais em centros históricos de cidades europeias a planos diretores municipais de grandes cidades de países em desenvolvimento.

Nesse enredo, a condição *sine qua non* para a cidade compacta é a alta densidade. Mas o que isso significa? Densidade é a qualidade do que é denso, compacto. No contexto do planejamento e do urbanismo, engloba um vasto léxico conceitual: densidade urbana, demográfica, populacional, habitacional ou construtiva. Todos esses aspectos devem ser levados em conta por um plano diretor ou lei de zoneamento que tenha como diretriz incluir "na cidade" os cidadãos paulistanos que moram mal. Aí, sim, poderemos tirar o atraso e tornar o nosso cotidiano uma cidade na qual o território seja instrumento de agregação de cidadãos, e não de segregação.

No entanto, na linha do tempo da verticalização em São Paulo, a questão da densidade não aparece, apesar de se fazer presente na maioria das grandes questões urbanas nas cidades capitalistas ocidentais.

A última atualização da regulação urbana da cidade ensaiou algo nesse sentido, mas a despeito das boas intenções iniciais, acabou sendo apropriada pela iniciativa privada, particularmente por fundos imobiliários e por um novo rentismo puxado pelos investidores que estão saindo da Bolsa.

Veja-se, por exemplo, a recente produção do mercado imobiliário em São Paulo, nas Zonas de Transformação Urbana, revela intensa produção em dois setores distintos da cidade, o vetor sudoeste, sobretudo nas administrações regionais Pinheiros e Vila Mariana, e no setor leste onde destacam-se as administrações regionais Penha e Itaquera. Pequenos apartamentos voltam a ser produzidos, não para atender quem precisa, mas para constituir uma nova "classe rentista".

Em paralelo, a inovadora "cota de solidariedade", por enquanto, significou muito pouco na sua baixa escala de implementação. Precisamos de políticas mais amplas de recuperação do enorme passivo existente.

Em resumo, o processo de verticalização de São Paulo excluiu dos mais pobres a possibilidade de morar em apartamentos, o que ocasionou a produção de loteamentos periféricos irregulares e moradias precárias. O Plano Diretor não pode olhar apenas para a "cidade formal", tem que induzir o resgate deste passivo imenso.

O Conselho de Arquitetura e Urbanismo do Brasil propõe o programa Mais Arquitetos para enfrentar o problema das 25 milhões de moradias precárias no Brasil, sendo quase dois milhões na cidade de São Paulo. Uma das alternativas é a transformação da Assistência Técnica em Habitação de Interesse Social (Athis) em política de Estado, com transferências de recursos da União para os municípios. Dessa forma, a implementação da lei ganhará escala no país, e arquitetos, engenheiros e outros profissionais, remunerados pelas prefeituras, poderão empregar seus conhecimentos técnicos para reformas ou melhorias das casas precárias. Para nós, do CAU, esse deve ser o foco principal da revisão do

Plano Diretor, que precisa ser objeto de debate democrático e, especialmente, didático, para alcançar aqueles que são leigos na matéria, os potenciais novos prejudicados pela ideologia da atual regulação urbana da cidade.

Vamos encarar isso de frente e transformar nosso cotidiano?

Os edifícios de Brasília refletem o nosso projeto de país

Nadia Somekh

Estadão, 20/01/2023

Dizem que toda crise traz oportunidades. No caso dos ataques à democracia e às sedes dos três poderes, nossa oportunidade é sensibilizar a sociedade sobre a importância da Arquitetura e do Urbanismo para um projeto de país. Mais do que a depredação material, os ataques de 8 de janeiro tinham como objetivo destruir símbolos da nossa democracia, da nossa cultura e da nossa excelência técnica, representados pelos prédios de Oscar Niemeyer.

Infelizmente, esses símbolos foram mais uma vez atacados em um artigo de opinião publicado no Estadão, pelo economista Roberto Macedo ("Os vulneráveis edifícios envidraçados de Brasília", publicado em 19 de janeiro de 2023). Confessando seu desconhecimento total sobre o tema e embasado em uma única citação pinçada de um livro sobre educação, ele promove uma confusão de conceitos sobre a função da Arquitetura e propõe soluções medievais para as reformas que estão sendo feitas na Praça dos Três Poderes.

Ignora, por exemplo, que Brasília é Patrimônio Mundial da Humanidade, tombada pela Organização das Nações Unidas para a Educação, a Ciência e a Cultura – Unesco e pelo Instituto do Patrimônio Histórico e Artístico Nacional – Iphan – justamente com o intuito de preservar suas características originais para apreciação das gerações futuras. É um reconhecimento oficial do valor daquela obra para a compreensão da história e da identidade de uma nação e, como no caso de Brasília, de toda a humanidade.

O autor do artigo sugere, entre outras barbaridades, substituir as fachadas de vidro "por paredes de alvenaria e as portas por outras de ferro ou madeira grossa para dificultar o ingresso de indesejáveis". Surpreende que não tenha aconselhado também a escavação de um fosso com jacarés em volta do Palácio do Planalto. Na sua concepção, os monumentos da nossa República servem apenas para hospedar "poderosos privilegiados": políticos, juízes e "seus" funcionários.

Na verdade, essas edificações de concreto e aço – nascidas da mente de um gênio – simbolizam e celebram a democracia, a criatividade brasileira e a autodeterminação dos povos. São casas (e funcionários) de todos os cidadãos, não de poderosos de ocasião. Presidentes, parlamentares, juízes vêm e vão. O que fica é a soberania popular, também representada pelas leis e pelo voto.

Quando Lucio Costa fez o projeto do Plano Piloto, sua preocupação não era afastar a população da Esplanada dos Ministérios. Pelo contrário, o espaço é definido como um "extenso gramado destinado a pedestres, a paradas e a desfiles". A própria construção de Brasília, ao contrário da crença popular, "trata-se de um ato deliberado de posse, de um gesto de sentido ainda desbravador".

Nós, arquitetos e urbanistas, estamos buscando cada vez mais espaços para mostrar à população como a nossa profissão pode contribuir com a qualidade de vida das nossas cidades, muitas vezes separadas pelos muros invisíveis da desigualdade social. A devastadora banalidade do texto do senhor Roberto Macedo, infelizmente, remete à desconsideração com a Arquitetura e o Urbanismo no Brasil, onde 82% das obras são feitas sem o auxílio técnico de arquitetos e engenheiros.

Não podemos jamais desconsiderar a dimensão civilizatória da Arquitetura e do Urbanismo. Da mesma forma que Brasília e suas obras de arte simbolizam a nossa democracia, cada edificação de cada cidade brasileira representa pedaços de nossa cultura, nossos valores, nossas ambições enquanto sociedade. De nossa parte, nós arquitetos e urbanistas queremos participar de um projeto de país que valorize a inclusão, a cultura, a sustentabilidade, o conforto e – principalmente – a dignidade.

Na década de 1960, quando Brasília foi construída, nosso projeto para o Brasil focava na modernidade e no desenvolvimento. Era a "Capital da Esperança". São esses valores que foram vilipendiados em sua forma arquitetônica e continuam sob ataque. O que poderá garantir a segurança dos prédios, Patrimônio Mundial da Humanidade, é o fortalecimento da democracia e a construção de um projeto nacional. Neste século 21, precisamos construir um novo projeto de país. Com uma Arquitetura e Urbanismo que nos represente e nos inspire a voos cada vez mais altos.

Qual projeto vamos construir após a depredação?

Tragédia no litoral paulista: “O responsável é o processo de urbanização que não dá lugar aos mais pobres”

Nadia Somekh

Folha de S. Paulo, 23/02/2023

Barra do Sahy soterrada, 48 mortos (47 em São Sebastião e um em Ubatuba), 36 desaparecidos, cerca de duas mil e quinhentas pessoas desalojadas ou desabrigadas, veranistas ilhados na praia da Baleia e o âncora da TV criticando o prefeito por não ter avisado a população dos morros.

O que poderia ter sido feito? O problema não é acionar sirenes em momentos de emergência como o que ocorre agora no litoral norte paulista. O problema é o histórico processo de urbanização de nosso país que não dá lugar na regulação urbanística para os mais pobres e vulneráveis, agravado agora pela escalada das mudanças climáticas.

De acordo com o IBGE, o Brasil tinha em 2010 (dado mais recente) em 872 municípios mapeados, uma população aproximada de 8,2 milhões de pessoas vivendo em áreas de risco, abrigadas em cerca de 1,5 milhão de moradias permanentes.

A maior parte das áreas de risco no Brasil está localizada na costa leste justamente pelo fato da ocupação do território brasileiro ter se concentrado no litoral, mais suscetível à ocorrência de desastres naturais, associados à ocupação de encostas íngremes, topos de morros e cursos de água, conforme ressaltado por pesquisadores do Instituto Geológico.

Por sua vez, o Quinto Relatório de Avaliação do Painel Intergovernamental sobre Mudanças Climáticas – IPCC já alertava que sem mitigação do aumento da temperatura global, os maiores castigados pelas mudanças climáticas serão provavelmente os tropicais, tais como o Brasil.

Sirenes serão insuficientes se dependermos apenas delas para que catástrofes como a do litoral norte paulista não se repitam nos próximos verões, com inundações, deslizamentos, colapso de serviços públicos em cidades e quedas de barreiras e isolamentos em estradas. E sobretudo gente morta.

Se houvesse uma política habitacional para a população mais carente, isso não teria acontecido. Sem essa política, onde a população vai morar? Onde é irregular, onde é ilegal, enfim para onde foi empurrada pela especulação imobiliária em razão do preço da terra. Essas pessoas só conseguem algum tipo de abrigo, nada digno, em lugar de risco.

É preciso ainda valorizar a dimensão ambiental do planejamento urbano e territorial em consequência das mudanças climáticas, como ressaltado em manifesto aos candidatos nas eleições de 2022 lançado pelo Conselho de Arquitetura e Urbanismo do Brasil e mais seis entidades representativas dos arquitetos e urbanistas brasileiros. A Carta aos Candidatos propôs uma agenda que priorize a qualidade e o cuidado com a vida da população brasileira.

O momento é propício para colocar essa agenda em prática. Todos os municípios com mais de 20 mil habitantes estão, por dever legal, revendo seus planos diretores, considerando os Objetivos de Desenvolvimento Sustentável, a Nova Agenda Urbana e o pacto climático do Acordo de Paris.

A Arquitetura e Urbanismo têm muito a contribuir com as revisões dos planos diretores, ajudando prefeitos, vereadores e comunidades na definição dos territórios seguros para as habitações dos mais pobres, reconhecendo a intensidade das alterações climáticas, em busca de maior justiça e resiliência para as cidades brasileiras. Nessa perspectiva, a continuidade da integração dos três poderes vista nos últimos dias será essencial.

O projeto do novo Plano Diretor de São Paulo

Nadia Somekh

Estadão, 03/06/2023

A revisão do Plano Diretor de São Paulo caminha a toque de caixa na Câmara Municipal, sem conseguirmos enfrentar dois graves problemas da cidade: reduzir as desigualdades sociais e as mudanças climáticas.

Não podemos perder a última oportunidade para discutirmos a regulação urbana da cidade que impacta cruelmente a vida de sua população, contrastando uma cidade formal, cada vez mais verticalizada, com um mar de moradias precárias nas periferias urbanas.

O processo de urbanização da cidade constitui-se historicamente como excludente. Desde os anos 1950, a verticalização se elitizou produzindo grandes apartamentos e excluindo famílias que moravam em áreas centrais e em pequenos apartamentos. A população mais pobre precisou resolver sua questão de moradia espraiando-se em cidades vizinhas, mas principalmente em favelas, cortiços e loteamentos periféricos e irregulares, que cobrem 65% do território paulistano.

A cidade compacta se tornou nos últimos anos a tábua de salvação para o planejamento nos grandes aglomerados urbanos. Aliando altas densidades populacionais com uso misto, estruturadas ao longo de eixos de transporte coletivo, esse "modelo de cidade" vem se tornando um paradigma para "boas práticas" do planejamento e do desenho urbano em diversas escalas em diferentes localidades e realidades. Desde projetos urbanos sustentáveis nos Estados Unidos, alternativas habitacionais em centros históricos de cidades europeias a planos diretores municipais de grandes cidades de países em desenvolvimento.

A condição *sine qua non* para a cidade compacta é a alta densidade. Mas o que isso significa? Densidade é a qualidade do que é denso, compacto. No contexto do planejamento e do urbanismo, engloba um vasto léxico conceitual: densidade urbana, demográfica, populacional, habitacional ou construtiva.

Todos esses aspectos deveriam ser levados em conta por um plano diretor que tem como diretriz incluir "na cidade" os cidadãos paulistanos que moram mal. Aí sim poderemos tirar o atraso e melhorar a vida da maioria da população paulistana.

O Plano Diretor de 2014 ensaiou algo nesse sentido, mas a despeito das boas intenções iniciais, acabou sendo apropriado pela iniciativa privada, particularmente por fundos imobiliários e por um novo rentismo, puxado pelos investidores que estão saindo da Bolsa. Em paralelo, a inovadora "cota de solidariedade" significou muito pouco ao distribuir migalhas na sua baixa escala de implementação.

Nos recentes empreendimentos do mercado imobiliário paulistano, pequenos apartamentos voltam a ser produzidos, mas não para atender quem precisa. Precisamos de políticas mais amplas de recuperação do enorme passivo existente.

O Conselho de Arquitetura e Urbanismo do Brasil propõe o programa Mais Arquitetos para enfrentar o problema das 25 milhões de moradias precárias no Brasil, quase dois milhões na cidade de São Paulo. Esse deveria ser o foco principal da revisão do Plano Diretor, que precisa ainda contemplar, além da redução das desigualdades, as mudanças climáticas sendo objeto de debate democrático efetivo.

Sobre a profissão

CAPÍTULO 4

de arquiteto(a) e urbanista

Fico muito orgulhosa de ter sido a primeira mulher presidente do CAU BR. Trata-se de uma enorme responsabilidade, representar a profissão que tanto amo e também a maioria de profissionais, composta por mulheres – principalmente jovens mulheres. De posse de pesquisas, estatísticas e muitos debates com meus colegas conselheiros, tomei como missão levar ao conhecimento público nossas perspectivas e propostas para a profissão de arquiteto(a) e urbanista e trazer cada vez mais profissionais para essa discussão.

Desafios e visão estratégica do CAU para a próxima década

Nadia Somekh

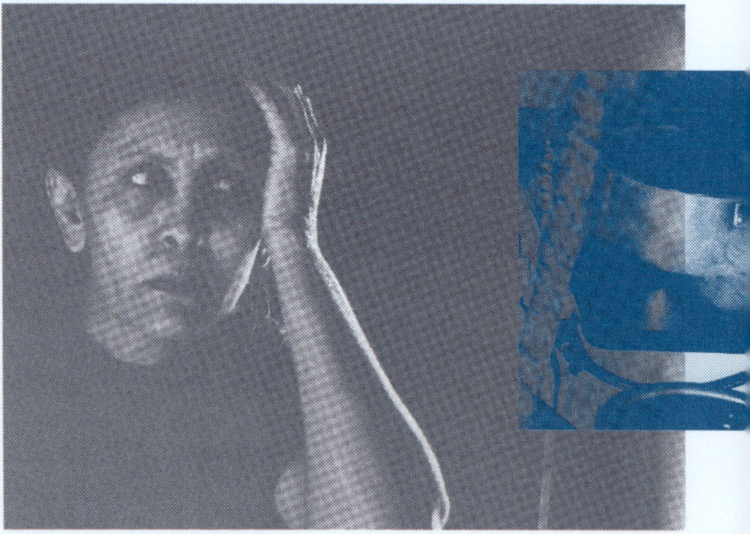

Ao completar sua primeira década de existência, o Conselho de Arquitetura e Urbanismo do Brasil encontra-se em um momento histórico marcante. Em uma era marcada por rápidas transformações tecnológicas, sociais e ambientais, a arquitetura e o urbanismo são desafiados a repensar suas práticas, abordagens e objetivos. A digitalização, a globalização e a crescente consciência ambiental têm redefinido a maneira como projetamos, construímos e interagimos com nossos espaços.

Essas mudanças contemporâneas exigem adaptação e evolução constante. No campo da arquitetura e urbanismo, o CAU tem a responsabilidade de liderar essa transformação, garantindo que os profissionais da área estejam equipados para enfrentar os desafios do presente e do futuro. A atuação do Conselho em nível nacional deve refletir essa dinâmica, estabelecendo diretrizes que não apenas respondam às demandas atuais, mas também antecipem as necessidades da próxima década.

Integração e unidade nacional: A atuação coesa e a troca de experiências e boas práticas entre os estados é vital para fortalecer a atuação do Conselho em nível nacional e garantir uma representação equitativa de todas as regiões do Brasil.

Expansão da formação profissional: O Brasil é vasto e diversificado. Precisamos garantir que jovens arquitetos e urbanistas de todo o país tenham acesso a uma formação de qualidade, que considere as peculiaridades regionais e promova a diversidade de pensamento e abordagem profissional.

Relações institucionais (advocacia pública e política): A atuação do CAU BR junto a esferas governamentais é fundamental para influenciar políticas públicas que reconheçam e valorizem a importância da arquitetura e do urbanismo na construção de cidades mais humanas e sustentáveis.

Inovação e tecnologia: Estamos na era da revolução digital. O CAU deve estar à frente, incentivando o uso de tecnologias emergentes para melhorar a qualidade e eficiência dos projetos.

Sustentabilidade e resiliência: O Brasil enfrenta desafios ambientais significativos. O CAU tem o dever de liderar discussões sobre práticas de design sustentável, promovendo a resiliência urbana e a adaptação às mudanças climáticas.

Inclusão e diversidade: A arquitetura e o urbanismo devem refletir a rica tapeçaria cultural e social do Brasil. Devemos promover uma profissão inclusiva, que dê voz a todas as comunidades e reconheça a importância da diversidade na criação de espaços que atendam a todos.

A Agenda de Futuro do CAU SP é um exemplo louvável de planejamento e visão estratégica. Que esta nova década seja marcada por um compromisso renovado com a excelência, a inovação e a inclusão, garantindo que a arquitetura e o urbanismo brasileiros sejam reconhecidos e valorizados tanto em casa quanto no cenário global.

“O Brasil precisa de arquiteto pé no chão”, diz nova presidente do CAU BR, 1ª mulher a ocupar o cargo

Por Isadora Rupp, especial para HAUS

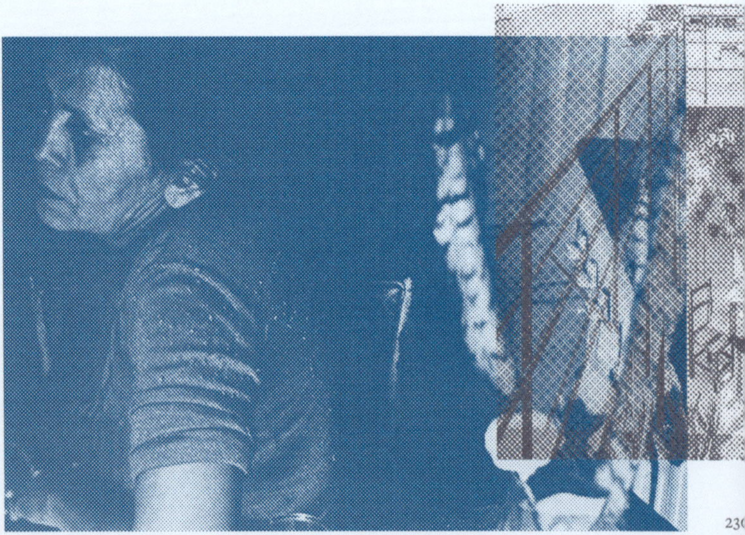

Gazeta do Povo (Curitiba), 18/01/2021

A arquiteta e urbanista Nadia Somekh está acostumada a ser a pioneira na representatividade feminina dentro do meio de arquitetura e urbanismo: na última quinta-feira (14), ela foi eleita a primeira mulher a ocupar o cargo de presidente do Conselho de Arquitetura e Urbanismo do Brasil – CAU BR para o triênio 2021-2023. Não é a primeira vez que Nadia ocupa espaços nunca antes ocupados por mulheres: graduada e doutora pela Faculdade de Arquitetura de Urbanismo – FAU USP e professora emérita da Universidade Presbiteriana Mackenzie ela foi, em 2005, a primeira diretora da faculdade onde leciona.

Sobre a presidência do Conselho, acredita que a eleição de uma mulher não demorou tanto como em outras entidades. "O CAU tem dez anos [fundado em 2011]. Pior é o IAB [Instituto de Arquitetos do Brasil] que elegeu homens por mais de 90 anos e reconheceu apenas recentemente a primeira mulher", diz. Nadia refere-se à eleição de Maria Elisa Baptista para a presidência do IAB, em 2020, e ao prêmio máximo da entidade, o Colar de Ouro, dado em 2019 para Rosa Kliass. "O reconhecimento é uma novidade. Os homens estavam na hegemonia e achavam que isso era normal. Nós não queremos excluir homens, mas sim sermos incluídas. Temos uma perspectiva de gestão feminina no sentido de cuidar", salienta.

Pesquisadora do CNPQ sobre a verticalização das cidades brasileiras e autora de livros como *A cidade vertical e o urbanismo modernizador* e *Bexiga em três tempos*, Nadia traçou um diagnóstico sobre a profissão de arquiteta quando coordenou a comissão de equidade de gênero na gestão anterior do CAU (de 2018 a 2020). Apesar de as mulheres serem a maioria da classe (cerca de 65%), há discrepâncias na área salarial, relatos de assédio e falta de reconhecimento técnico. "Elas são autoras de projetos que não podem assinar, o crédito não é dado a elas. Falta voz e visibilidade", frisa a presidente.

Na mesma comissão, Nadia propôs o programa Mais Arquitetos, para ampliar o trabalho de arquitetura social no Brasil, algo que irá continuar na sua gestão como presidente junto aos conselhos estaduais, para estimular o trabalho de arquitetos e engenheiros em mais municípios do Brasil. "O povo reconhece o valor dos médicos porque precisa [deles]. O dos advogados porque tem defensoria pública. E não vemos o reconhecimento da arquitetura, que pode melhorar as condições de habitabilidade no Brasil."

Para ela, além desse resgate do prestígio social, o Brasil está precisando de mais arquitetas e arquitetos "pé no chão".

"Cerca de um terço das casas no Brasil é precária. Precisamos de profissionais que melhorem a habitabilidade. Que achem soluções para a umidade, para as crianças não terem asma", exemplifica. "É preciso enfrentar a vulnerabilidade da maioria da população brasileira com o desenvolvimento de programas de habitação de interesse social."

Na visão de Nadia, programas como o Banco Nacional de Habitação – BNH e o Minha Casa Minha Vida – MCMV não conseguiram resolver o problema maior da habitação, que é o de atender a população pobre. A presidente, que fez um trabalho acadêmico sobre a atuação do BNH (criado em 1964), acredita que é necessário observar a questão fundiária e de regulação de preços dos imóveis. "Temos que estimular o setor, mas programas como o Minha Casa Minha Vida ataca as faixas de renda mais altas. O que a gente precisa é ver o que a população pobre necessita", ressalta Nadia, que está analisando o Casa Verde Amarela, programa habitacional do atual governo federal, em substituição ao MCMV. As regras do novo programa foram publicadas no dia 15 de janeiro via decreto. Outro aspecto fundamental na visão da nova presidente do CAU é que os arquitetos olhem para a periferia. "Quarenta e cinco por cento da população com uma renda média mora em casas de periferia. Pessoas que querem reformar e não têm arquiteto para fazer um projeto de melhoria. Habitação é um interesse social", finaliza.

Arquitetura que cabe em todos os espaços e bolsos

por Luísa Carvalho

A Tarde (Salvador), 13/02/2021

A busca pelo trabalho de arquitetos no Brasil costuma estar relacionada à renda. A taxa de contratação dos profissionais é mais alta na classe A, em que chega a 55%, de acordo com pesquisa realizada pelo Conselho de Arquitetura e Urbanismo do Brasil – CAU BR em parceria com o Datafolha em 2015. O senso comum faz questionar: seria a arquitetura um serviço voltado, principalmente, aos mais ricos? Especialistas afirmam que não, e profissionais mostram que a arquitetura pode, e deve, atender a todas as classes sociais.

Para especialistas, o distanciamento entre o trabalho de arquitetos e classes se relaciona não só a questões financeiras, mas, sobretudo, à falta de compreensão sobre o que o profissional realmente faz. "Quem não conhece não valoriza", declara a presidente do CAU BR, Nadia Somekh, que acrescenta que, geralmente, é a elite quem está mais próxima ao trabalho do arquiteto. Um dos pontos-chave para a diminuição dessa distância, para Nadia, é a comunicação. A presidente reforça que é fundamental que seja divulgado como o ofício proporciona qualidade de vida às pessoas.

O presidente do departamento baiano do Instituto dos Arquitetos do Brasil – IAB-BA, Luiz Antônio de Souza, salienta que é preciso que seja desfeita a ideia de que procurar pelo profissional de arquitetura é procurar por luxo. O trabalho não se resume a apenas levar beleza para dentro de casa, mas tem o intuito, principalmente, de proporcionar conforto e funcionalidade aos ambientes do lar. Luiz Antônio destaca que, em um contexto de isolamento social, a necessidade de a arquitetura chegar a todos os segmentos é intensificada.

Neilton Dórea, presidente do Conselho de Arquitetura e Urbanismo da Bahia – CAU BA, concorda que há um desconhecimento geral sobre a função do arquiteto, mas observa também que o custo operacional costuma ser alto para uma camada considerável da população. Neilton afirma que a solução para alguns casos está em ações voltadas a projetos e moradias para pessoas de baixa renda, como a Assistência Técnica para Habitação de Interesse Social – Athis. Além disso, o presidente do CAU BA considera que o papel do arquiteto precisa ser repensado de forma a estar mais próximo da população.

Foi da aproximação com pessoas que precisavam do serviço de arquitetos, mas tinham receio de buscá-lo por medo de ter que arcar com um custo alto que Márcio Barreto, do escritório Arquitetura do Barreto, desenvolveu uma modalidade de atendimento que coubesse no bolso de mais gente. O profissional oferece uma consultoria de duas horas por um preço menor em que dá instruções ao cliente e tira suas dúvidas. Depois disso, o cliente decide se deseja ou não realizar a obra.

Márcio Barreto afirma que realizar um projeto por custo menor não é fazer uma mera reprodução das plantas desenvolvidas a maiores preços. Envolve usar menos marcenaria e dar soluções em conta sem tentar fazer uma cópia mais barata de algo. “A arquitetura acessível tem características próprias. Há mil soluções que podem ser feitas com bom acabamento estético e custo de execução acessível”, declara.

Potenciais clientes

Kézia Damazio, arquiteta à frente do Viva! Arquitetura Popular, visa atender as classes C, D e E. O seu escritório prioriza se adaptar à situação financeira dos seus clientes. Além das adequações que podem ser proporcionadas para garantir um preço menor, Kézia indica que as soluções mais caras sejam feitas em etapas e aos poucos para não comprometer a renda de seu público.

A arquiteta, que sempre morou em bairro popular, observa que há um forte estigma entre colegas de profissão com relação a moradores desses bairros, o que intensifica o distanciamento dos profissionais com potenciais clientes. "Eles enxergam que na periferia só moram pessoas em extrema pobreza, mas nos bairros populares há uma população diversa e o padrão construtivo é variado. Tem uma grande parte que pode pagar pelo serviço, mas não é assistida", diz.

A Projecta, Empresa Júnior da Faculdade de Arquitetura da Universidade Federal da Bahia – FAUFBA, também tem como diferencial o atendimento mais econômico. Os arquitetos têm entre seus princípios os Objetivos de Desenvolvimento Sustentável – ODS da Organização Mundial da Saúde – OMS e, além de um serviço barato, eles buscam sempre requisitar a quantidade exata de material a ser utilizada, para que não haja desperdícios nem gastos desnecessários pelos clientes.

A presidente da Projecta, Julia Sousa, enfatiza que o papel do arquiteto é vasto e inclui desde um projeto para reforma que garanta a boa ventilação da casa à regularização de imóvel para que seja possível registrar a residência no próprio nome. Julia reitera também que não buscar por um profissional como forma de economizar pode sair caro, já que, sem a presença de alguém qualificado, há riscos de que algo dê errado na obra e seja necessário refazê-la, gerando ainda mais gastos.

“Vamos melhorar o CAU, mudar o que for preciso e valorizar a arquitetura”

Entrevista de Nadia Somekh concedida a Evelise Grunow

Revista *Projeto* - Anuário 2021, março de 2021

Primeira mulher a ocupar a presidência do Conselho de Arquitetura e Urbanismo do Brasil – CAU BR, a arquiteta, outra expoente do crescimento do protagonismo feminino nas instituições de arquitetura e urbanismo no Brasil - em relação direta à composição da classe profissional -, falou recentemente à Projeto sobre os planos para o próximo triênio (2021-2023) à frente do CAU BR.

"Vamos melhorar o CAU, mudar o que for preciso e valorizar a arquitetura", exclamou Nadia Somekh imediatamente após a apuração dos votos na 108ª Reunião Plenária do CAU BR, ocorrida em 14 de janeiro de 2021.

Foi com esse intuito que a arquiteta, professora emérita da Faculdade de Arquitetura e Urbanismo da Universidade Presbiteriana Mackenzie – FAU Mackenzie e doutora pela Faculdade de Arquitetura e Urbanismo da Universidade de São Paulo – FAU USP, que já fora conselheira da União Internacional dos Arquitetos – UIA e do Instituto de Arquitetos do Brasil – IAB, presidente do Conselho Municipal de Preservação do Patrimônio Histórico, Cultural e Ambiental da Cidade de São Paulo – Conpresp, diretora do Departamento do Patrimônio Histórico da Prefeitura de São Paulo, presidente da Empresa Municipal de Urbanização – Emurb e secretária de Desenvolvimento Econômico de Santo André, foi eleita pelo colegiado de conselheiros federais da autarquia após um longo processo precedido pela eleição da sua chapa CAU+Plural, de São Paulo. Esta última, realizada em outubro de 2020, registrou a maior participação de arquitetas e arquitetos na história do CAU SP.

As propostas de Nadia Somekh para o CAU BR foram apresentadas naquela ocasião: enfrentar junto à sociedade os desafios da crise econômica e do trabalho, com atenção à diversidade; apoiar diversas formas de empreendedorismo, cooperativismo e qualificação dos escritórios; diminuir a vulnerabilidade das moradias por meio do programa Mais Arquitetos; estimular programas inovadores, a exemplo do CAU Educa; e sensibilizar a população quanto à importância da arquitetura e urbanismo, aproveitando a realização do 27º Congresso Mundial de Arquitetos – UIA2021RIO. A recém-eleita se propõe ainda, de forma "democrática e participativa", buscar a coesão das ações do conjunto autárquico do CAU (CAU BR mais CAU UF) e das demais entidades do Colegiado das Entidades Nacionais de Arquitetos e Urbanistas do Brasil – Ceau: Abap, Abea, Asbea, FNA, IAB e Fenea, valorizando a responsabilidade técnica, o direito autoral e reduzindo a burocracia.

No momento em que as mulheres ocupam seus devidos espaços nas entidades, com a eleição de Maria Elisa Baptista como a primeira presidente mulher em um século de existência do IAB, a entrega nos dois últimos anos do Colar de Ouro, maior honraria da entidade, a Rosa Kliass e Dora Alcântara, e a premiação como Arquiteta do Ano pelo IAB RJ conferida a Gabriela de Matos, criadora do projeto Arquitetas Negras, Nadia Somekh vai além do feminismo nesta conversa com a *Projeto*, pontuando a empatia e coletividade como caminhos possíveis para um Conselho melhor, além das metas colocadas desde a campanha eleitoral.

Em um pleito, em 2020, no qual três chapas se colocaram estrategicamente, compostas apenas por mulheres (além de São Paulo, a vitoriosa chapa de Santa Catarina e a de Mato Grosso do Sul, que ficou em segundo lugar e elegeu as três únicas mulheres no conselho estadual), a chapa paulista sagrou-se vencedora após vencer recurso sobre admissão de denúncia por suposta violação do Artigo 22 do Regulamento Eleitoral para as Eleições de 2020, que foi rechaçada no veredito final.

EG Você chegou a temer que a sua candidatura fosse impugnada em São Paulo?

NS Confesso que fiquei muito nervosa, mas acredito que estávamos legitimadas pelos votos, quase 12 mil. É importante ressaltar que o número de votantes aumentou para 50% (na edição passado foram 30%). Não é muito, temos que aumentar a conexão do CAU com os arquitetos – é uma parte da nossa plataforma. Mas 12 mil votos não dão para jogar fora. Fiquei muito tensa por dois meses. Sou um pouco idealista, acho que nós arquitetos temos de ter coesão, não podemos querer eliminar o outro.

EG Quando começou a atuar no CAU?

NS Quando ele não existia. Eu era do Cosu [Conselho Superior] do IAB, entrei em 2008. Nós batalhamos muito para conseguir que o Conselho existisse. Agora que se passaram dez anos, a batalha é por um Conselho mais contemporâneo. Fui conselheira estadual na primeira gestão, de 2011 a 2014, e achei um horror, sobretudo as plenárias. Fiquei por três anos e me distanciei. Em 2017, montamos uma chapa para mudar o CAU. Aí pensei: "Então vou para o federal, tudo ou nada!" – porque o conselheiro federal ou elege a chapa, ou não vai. Montamos uma chapa com vários arquitetos, liderada pelo Nabil Bonduki e por jovens. Conheci muita gente nova, gente boa. Fomos eleitos, mas não levamos.

Fui conselheira por três anos, sem grande conexão com o Conselho – não era convidada para muitos eventos –, então percebi a fragmentação do CAU BR. Conforme os objetivos da chapa, me propus a aumentar a representatividade feminina, apoiar o Congresso [Mundial de Arquitetos] – pois fui conselheira da UIA desde 2008. Em 2014, ganhamos o Congresso do Rio [UIA2020RIO, posteriormente adiado para 2021], com Sérgio Magalhães liderando como presidente do IAB, e entrei na comissão de planejamento [do CAU], porque sou uma gestora pública e acadêmica. Falei: "Vamos ajudar a planejar o CAU". Mas fiquei decepcionada, porque a tal Comissão de Finanças e Planejamento é muito mais financeira, pelo menos nos três anos em que estive lá. Tentei colocar uma perspectiva de articular o financeiro às marcas de gestão, levei um consultor, mas o Conselho Diretor não aceitou.

Isso tudo me deu a vontade de desfragmentar a ação do Conselho – chamei de "heroica" a fase dos primeiros dez anos do CAU, que o consolidou, mas agora queremos um Conselho contemporâneo, que valorize a arquitetura, conforme sua missão, e possa trazer mais perspectivas para a sociedade valorizar nossa arquitetura e nossos arquitetos. Os três objetivos que eu me coloquei, embora fragmentados, foram a Comissão de Equidade de Gênero (uma marca da gestão passada); os debates preparatórios para o congresso, porque acho que o legado do evento mundial é a sociedade entender e valorizar o trabalho do arquiteto; e levar a arquitetura para o interior do Brasil. Aprendi muito nestes três anos em que fui conselheira sobre o "Brasil profundo", as disparidades que temos no país. Conhecendo os conselheiros e as realidades dos estados, percebi o quanto somos díspares e aprendi a valorizar as diferentes especificidades dos estados.

EG Evidente que a sua motivação em concorrer à presidência foi a insatisfação com experiências passadas com o Conselho. O seu programa mencionava a necessidade de "marcar mudanças". Quais são elas? Como começar?

NS Já começamos. Eu trabalhei por cinco anos na ação regional [da Câmara Municipal do Grande ABC, 1997-2002], e lá aprendi sobre um instrumento que se chama Planejamento Estratégico Situacional. Desde então, utilizei-o na Emurb, na Diretoria do Mackenzie, no Conpresp, no DPH. Ou seja, onde assumi postos de direção, usei o tal instrumento. Trouxe um consultor e desde a primeira semana começamos a fazer o Plano de 100 Dias para saber o que vamos construir; não sou eu quem vai dizer. Envolvi os coordenadores das comissões, chamei os representantes dos CAU UF e definimos os problemas que vamos enfrentar.

Nesta semana [a entrevista foi realizada em 5 de fevereiro de 2021], estamos ampliando as oficinas para ver, a partir das estratégias que já definimos, quais as ações que faremos. Depois vamos priorizar, porque em três anos não dá para fazer tudo. Este ano é para revisão do Planejamento Estratégico – acho que o que foi feito até agora é muito "para inglês ver", muito etéreo. Sou uma pessoa muito concreta. Quero saber que tipo de ações precisamos prever e, ao mesmo tempo, na nossa contemporaneidade líquida, precisamos deixar aberturas – não dá para contingenciar tudo. Então tem que ser concreto, com etapas, mas aberto para acolher as incertezas.

EG Você consegue resumir o diagnóstico feito até agora nesse Plano de 100 Dias?

NS Primeiro tem a questão do Siccau [software de serviços online prestados pelo CAU]. Temos de estar no topo da tecnologia, atualizados. Segundo, a questão da fiscalização. Nossa tarefa é mostrar para a sociedade o que o bom arquiteto faz, então temos que ter uma fiscalização orientativa, valorizando as boas práticas, por isso estamos pensando em mudar o conceito – entender sobre a precarização do trabalho, a questão dos honorários, do salário, a questão da reserva técnica, que é um tiro no pé dos arquitetos. O terceiro problema tem a ver com a gestão do CAU e a articulação interna. Houve até agora uma cisão entre o CAU BR (regulador) e os CAU UF, que executam. Estamos ouvindo as necessidades dos estados, conhecendo os problemas. Por exemplo, no Amazonas, há uma situação de calamidade. Fiz uma reunião com o fórum de presidentes e eles ficaram felizes por serem ouvidos, pois existia tal desconexão. O quarto problema tem a ver com a Resolução 51 [de 12 de julho de 2013] e com a Lei do CAU, que diz que temos atribuições privativas. Não é que queiramos tirar atribuições dos outros profissionais, mas definir nosso campo de trabalho.

O quinto tem relação com a qualidade de ensino. Os cursos EAD... Arquiteto não pode se formar seguindo um tutorial. Temos que ter formação de desenho, precisamos de contato. Ser arquiteto não é uma questão de consumir um diploma, é de responsabilidade com a saúde da população. Aí entra o CAU Educa – que tem a ver com o nosso futuro, mostrando para as crianças a importância da cidade, dos edifícios, e o meu projeto pessoal, que é o Mais Arquitetos, inspirado no programa Mais Médicos. A minha prioridade, como presidente, é mostrar que o arquiteto tem uma tarefa muito importante de melhorar a saúde da população através da melhoria das habitações dos mais pobres. A sociedade não conhece nosso trabalho. Quero fazer um fundo para assessoria técnica, melhorar a vida dessas pessoas, é o que está me motivando.

Estou muito feliz de ter espaço e oportunidade na minha idade, porque temos recursos e vontade de valorizar a arquitetura. Precisamos mostrar que é isso que falta para melhorar as casas da periferia e as condições de saúde das pessoas. Estamos perdendo a possibilidade de mostrar que o Brasil precisa de projeto.

Outra questão é trabalhar para a "maioria dos arquitetos", conforme um discurso em voga. Quem é essa maioria? Não são só aqueles 200 mil que pagam o CAU. Tem professor que não é registrado, mas que precisa ter Responsabilidade Técnica, pois faz pesquisa e pode trazer insumos de inovação; tem servidores públicos que não conseguem tirar RT – eu mesma queria fazer um RRT [Registro de Responsabilidade Técnica] dos serviços que fiz na Emurb, como presidente, e não consegui. Então tem que ampliar o CAU para não ser somente para os arquitetos de projeto, de escritório, de mercado. Atender a eles, mas pensar em como ampliar para a maioria; da mesma forma as escolas, pois temos quase 875 e somente 190 são registradas. Não estamos tendo conexão com o nosso público. A última é a questão da redistribuição. Entrei com esse discurso de que São Paulo, Rio de Janeiro, Rio Grande do Sul concentram muitos arquitetos e recursos. Precisamos prever um fundo de apoio para assessoria técnica e outros. Quero que os recursos sejam melhor distribuídos. O Brasil precisa de redistribuição para reduzir as grandes desigualdades existentes.

EG Você sente uma resistência ou um clima favorável para a criação de fundos?

NS Em princípio, eu imagino que ninguém irá se opor. Os presidentes estão precisando de apoio. Estou trabalhando para isso, para o CAU BR apoiar os CAU estaduais.

EG Entre os pontos descritos no diagnóstico, me chama atenção a fiscalização orientativa. Do que se trata?

NS Têm várias coisas aparecendo. Não sei se já viu, mas tem oferta de projeto por 350 reais. Temos que ir atrás, estimular a Responsabilidade Técnica, orientar os arquitetos e os escritórios de arquitetura a respeitarem a tabela de honorários, mas neste momento de crise econômica, como podemos penalizar os escritórios? Então, é uma situação de orientar a necessidade de valorizar o arquiteto e aqueles que têm boas ações. Profissionais que são responsáveis, que têm ações positivas. Vamos fazer um "selo de boa qualidade", para mostrar para a população que aquele [profissional] é melhor do que outro por estar trazendo o que é socialmente necessário.

EG Você fala sobre investir em uma plataforma para melhorar a comunicação interna e permitir que os arquitetos se manifestem. Como isso seria estruturado?

NS São várias propostas. A ideia de coesão é o que falta nesse projeto Brasil, é a gente se unir. É isso que me decepcionou na eleição, achar que colegas queriam eliminar nosso trabalho de forma injusta. Ficamos seis meses montando a plataforma, tínhamos reuniões semanais. Durante a pandemia, eu fiz um curso de pós-doutorado, na perspectiva de pensar como a gente pode trabalhar a inovação no conteúdo do CAU. Aprendi com as arquitetas mais jovens o quanto a gente sofre com o machismo. Fui a primeira diretora do curso de Arquitetura e Urbanismo do Mackenzie, sempre tive posições de liderança, mas não sentia essa discriminação. Mas no Conselho, nos grupos de trabalho, no IAB, senti bastante. A convivência com arquitetas mais jovens me conscientizou da invisibilidade que às vezes temos, para poder valorizar os homens na arquitetura. Teve um ciclo de debates que organizamos, na Comissão de Equidade de Gênero, no Brasil inteiro, e eu fiquei impressionada de ver como mulher dá crédito, acolhe, trabalha horizontalmente. Isso é importante no Conselho: ter essa coesão via compartilhamento, via horizontal, via colaboração, cooperação, que é algo feminino.

EG Uma das suas propostas é que essa Comissão se torne permanente, certo?

NS Sim, nos estados também, em conjunto com o fortalecimento do Ceau. Acho que o CAU tem um papel específico, mas o IAB também, assim como a Abap, Abea, Asbea e FNA. Temos que valorizar o papel de cada entidade e ampliar essa perspectiva. É o conjunto das entidades que irá valorizar a profissão do arquiteto.

EG Em conjunto, a sua fala é sobre um CAU mais acolhedor – aos seus e à sociedade. Acho que essa é basicamente uma grande linha da sua gestão.

NS Acho que o feminino entra por aí, no acolhimento.

EG Qual a origem do problema da falta de comunicação do CAU BR com os CAU estaduais?

NS Acho que é a estrutura do CAU, que foi formatada quando o Conselho precisava se constituir. É uma visão de que o CAU BR é uma instância superior. Não é. Somos um CAU único. Para funcionar bem, acredito que o CAU precisa ter essa unicidade. Então a origem é um equívoco com relação à hierarquia, que não existe, e também com a falta de clareza – cada um começou a trabalhar de acordo com as condições que estavam dadas e acho que se demorou a perceber que havia essa fragmentação que impedia as ações de serem mais elaboradas. Então estamos precisando de resultado, e ele virá dessa conexão.

EG Tem algo delineado sobre as ações prioritárias da sua gestão?

NS Vamos decidir nas oficinas, mas pincelei aqui o meu desejo. Tem que ter ressonância no coletivo, pois é coletivamente que vamos decidir. O que queremos é coesão a partir das oficinas e das reuniões plenárias próximas.

EG A formação é um ponto crítico quando se pensa em um profissional que seja útil à sociedade. Você fala em trazer a escola para falar no CAU, acolher os estudantes.

NS Sim. Os estudantes não têm percebido a importância do Conselho, então teremos que chegar neles. É algo que vamos precisar construir. Também lutar pela qualidade da formação do arquiteto com esse viés que você falou agora. Não é somente fazer projeto *star system*, temos que formar o arquiteto-cidadão. É algo que precisa ser disseminado nas escolas.

EG Tem uma parte interessante do seu programa sobre o fortalecimento institucional do CAU, demandando ações parlamentares. Caminhar para além da harmonização até então realizada. Poderia explicar melhor?

NS Tem a ver com a Lei de Licitações, que já trabalhamos para melhorar o texto, mas se vê que a Câmara Brasileira da Indústria da Construção – CBIC está contra. Em reunião com o Ceau, decidimos que vamos fazer um grupo de estudos para informar os arquitetos a respeito. Temos uma assessoria parlamentar que nos informa sobre os projetos de lei – temos que filtrar o que nos interessa, por exemplo, o monte de ações que pretendem acabar com os Conselhos. Por isso, temos que mostrar qual é o valor social do CAU. Temos que resgatar, não só para a população, mas também para os representantes, o valor do Conselho, nos mostrar socialmente necessários. Acho que essas ações que estamos prevendo apontam para um caminho socialmente necessário ao CAU. Acho que precisamos "botar o bloco na rua", mostrar o nosso valor e a quem podemos ser úteis. É essa nossa tarefa: proteger a sociedade, mostrando o que somos capazes de oferecer.

1978 SOMEKH, Nadia; COSTA, José Horácio; FELDMAN, Sarah. Transformações urbanas: preservação e destruição. *CJ Arquitetura*, 1978, p. 22-44.

1989 SOMEKH, Nadia. São Paulo imobiliário sobre a origem do arranha-céu (1920-1939). In *Anais do Origem do arranha-céu (1920-1939)*. 1989.

1990 SOMEKH, Nadia; ROLNIK, Raquel; KOWARICK, Lucio. *São Paulo: crise e mudança*. São Paulo, Brasiliense, 1990.

SOMEKH, Nadia. *Perfil do Plano Diretor da Prefeitura de São Paulo*. 1990.

SOMEKH, Nadia. O Plano Diretor de São Paulo. In *Anais do Housing Debates – Urban Challenges*. 1990.

1991 SOMEKH, Nadia. A integração urbanística em São Paulo. In *Anais de XIII Bartlett International Summer School – BISS*. 1991.

1992 SOMEKH, Nadia. A (des)verticalização de São Paulo e o Plano Diretor da cidade. *Programa de pós-graduação em Arquitetura e Urbanismo da FAU USP*, 1992, p. 77-84.

1993 SOMEKH, Nadia. Globalização e forma urbana: a intervenção urbanística na cidade de São Paulo. In SANTOS, Milton; ADÉLIA, Maria (Org.). *Fim de século e globalização*. São Paulo, Hucitec, 1993, p. 332-340.

1994 SOMEKH, Nadia. *A cidade vertical e o urbanismo modernizador: São Paulo 1920-1939*. Tese de doutorado. São Paulo, FAU USP, 1994.

1996 SOMEKH, Nadia; NERY JR, José Marinho; ROLNIK, Raquel. Políticas públicas para manejo do solo urbano: experiências e possibilidades. *Pólis*, n. 27, 1996.

1997 SOMEKH, Nadia. *A cidade vertical e o urbanismo modernizador*. Editora Mackenzie/Romano Guerra, 1997.

1999 SOMEKH, Nadia; DANIEL, Celso. Novas estratégias de ação regional: a experiência recente da Câmara do Grande ABC. In *Anais do VIII Encontro Nacional da ANPUR (ENANPUR)*. 1999.

2000

SOMEKH, Nadia; CAMPOS NETO, Cândido Malta. A cidade que não pode parar: São Paulo em quatro planos. In *Anais do 6º Seminário de História da Cidade e do Urbanismo*. Natal, UFRN. 2000.

SOMEKH, Nadia. Gestão e inovação: a experiência na Câmara do Grande ABC. In *Anais do Seminário Ibero Americano*. 2000.

2001

SOMEKH, Nadia. A luz da cidade: memória urbana e sociedade. In DIAFÉRIA, Lourenço et al. *Um século de luz*. São Paulo, Scipione, 2001, p. 45-75.

SOMEKH, Nadia. Função social da propriedade e da cidade. In *Estatuto da Cidade*. São Paulo, CEPAM, 2001, p. 81-88.

SOMEKH, Nadia. Consórcio: uma forma de cooperação intermunicipal. In *Estudos, legislação básica e pareceres*, 2001, p. 159-170.

SOMEKH, Nadia. Fragmentação não pode resistir mais. In *Nosso século XXI*. Santo André, Livre Mercado, 2001, p. 233-245.

SOMEKH, Nadia; DANIEL, Celso. Gestão compartilhada, limites e possibilidades: a experiência do Grande ABC. In *Consórcio: uma forma de cooperação intermunicipal*. São Paulo, Fundação Prefeito Faria Lima, Cepam, 2001, p. 159-170.

SOMEKH, Nadia. As cidades e as utopias possíveis no século XXI. In *Anais da XIX Conferência Latino-americana de escolas e faculdades de Arquitetura – CLEFA*. 2001.

SOMEKH, Nadia; BORGES, R. E. T. Habitação e os planos urbanos na cidade de São Paulo no século XX. In *Anais da XIX Conferência Latino-americana de escolas e faculdades de Arquitetura – CLEFA*. 2001.

SOMEKH, Nadia; CAMPOS NETO, Cândido Malta. Desenvolvimento local e projetos urbanos. In *Anais do IX Encontro Nacional da ANPUR*. 2001.

SOMEKH, Nadia; CAMPOS NETO, Cândido Malta; WILDERODE, D. V. Mercado imobiliário e política urbana. In *Anais do II Encontro da Latin American Estates*. 2001.

SOMEKH, Nadia; CAMPOS NETO, Cândido Malta; WILDERODE, D. V. Operação urbana Faria Lima: limites e possibilidades. In *Anais do II Encontro da Latin American Estates*. 2001.

2002

SOMEKH, Nadia; CAMPOS NETO, Cândido Malta (Org.). *A cidade que não pode parar: planos urbanísticos de São Paulo no século XX*. São Paulo, Editora Mackenzie, 2002.

SOMEKH, Nadia; ROLNIK, Raquel. Governar as metrópoles: dilemas da recentralização. *Cadernos metrópoles (PUC SP)*. 2002.

2003 SOMEKH, Nadia; ROLNIK, Raquel. Governar as metrópoles: dilemas da recentralização. In BRANDÃO, Carlos Antonio. *Regiões e cidades, cidades nas regiões: o desafio urbano-regional*. São Paulo, Editora UNESP, 2003, p. 95-97.

SOMEKH, Nadia. Agentes e forças sociais na configuração da cidade brasileira. In REIS FILHO, Nestor Goulart; BUENO, Beatriz Piccolotto Siqueira. *A cidade ibero-americana: o espaço urbano brasileiro e hispano-americano em perspectiva comparada*. São Paulo, Editora Mackenzie/Universidade de Salamanca/Capes, 2003, p. 1-13.

2004 SOMEKH, Nadia. Prefácio. In *Caminhos para o centro: estratégias de desenvolvimento para a região central de São Paulo*. São Paulo, Emurb, 2004, p. 13-16.

SOMEKH, Nadia. A integração de programas de transporte e infraestrutura na recuperação de áreas centrais deterioradas. In *Anais Taller Diseño y Ejecución de Programas de Recuperación de Areas Centrales Urbanas*. 2004.

SOMEKH, Nadia. O centro de São Paulo: reconstrução coletiva e gestão urbana compartilhada. In *Anais Taller Diseño y Ejecución de Programas de Recuperación de Areas Centrales Urbanas*. 2004.

2005 SOMEKH, Nadia; OLIVEIRA FILHO, Caio Augusto Barbosa de. Operações urbanas: um instrumento de recuperação da valorização imobiliária. In *Anais do V Seminário Internacional da Lares*. 2005.

SOMEKH, Nadia. Projetos urbanos e desenvolvimento local: a experiência da área central de São Paulo. In *Anais do Seminário de Desenvolvimento Urbano e Áreas Centrais*. 2005.

SOMEKH, Nadia; CAMPOS NETO, Cândido Malta. *Desenvolvimento local e projetos urbanos. Arquitextos*, São Paulo, n. 059.01, Vitruvius, abr. 2005 <https://vitruvius.com.br/revistas/read/arquitextos/05.059/470>.

2006 SOMEKH, Nadia. Recuperação de centros urbanos: o caso de São Paulo. In *Anais do II Congresso Internacional da Recuperação, Manutenção e Restauração de Edifícios*. 2006.

SOMEKH, Nadia. O arranha-céu e a remodelação das cidades. In CAMPOS NETO, Cândido Malta; SIMÕES JÚNIOR, José Geraldo. *Palacete Santa Helena – um pioneiro da modernidade em São Paulo*. São Paulo, Editora Senac São Paulo, 2006, p. 37-68.

SOMEKH, Nadia. Projetos urbanos/utopias realizáveis: o caso do centro de São Paulo. In GASPAR, Ricardo; AKERMAN, Marco; GARIBE, Roberto (Org.). *Espaço urbano e inclusão social – a gestão pública na cidade de São Paulo*. Fundação Perseu Abramo, 2006, p. 261-272.

2007

SOMEKH, Nadia. *A cidade contemporânea: a construção de um debate*. *Resenhas online*, São Paulo, n. 072.03, Vitruvius, dez. 2007 <https://vitruvius.com.br/revistas/read/resenhasonline/06.072/3094>.

SOMEKH, Nadia. Cidade: impasses e perspectivas. *Revista Brasileira de Estudos Urbanos e Regionais*, v. 9, n. 1, maio 2007, p. 149-152.

SOMEKH, Nadia. Verticalisation a São Paulo: la fin de l'urbanité. *Urbanisme*, 2007.

SOMEKH, Nadia. Projetos urbanos e novos modelos de gestão: o caso do centro de São Paulo. In *XII Anais da ANPUR*. 2007.

SOMEKH, Nadia; MARQUES, J.C.M. Reconversão industrial e transformações urbanas. In *Anais do V Colóquio de Patrimônio Industrial*. 2007.

SOMEKH, Nadia. São Paulo hoy: operação urbana Faria Lima. In *Anais do III Congresso de Financiación y Desarollo Inmobiliario en Latinoamerica*. 2007.

2008

SOMEKH, Nadia. Apresentação. In CORTÉS, José Miguel G. *Políticas do espaço: arquitetura, gênero e controle social*. São Paulo, Editora Senac, São Paulo, 2008.

SOMEKH, Nadia. *Projetos Urbanos e Estatuto da Cidade: limites e possibilidades*. *Arquitextos*, São Paulo, n. 097.00, Vitruvius, jun. 2008 <https://vitruvius.com.br/revistas/read/arquitextos/09.097/131>.

SOMEKH, Nadia; LEITE, Carlos. Implementando a mudança urbana. In *Anais do Urban Age*. 2008.

SOMEKH, Nadia. Projetos Urbanos e Estatuto da Cidade: limites e possibilidades. In *Anais de Operações Urbanas Consorciadas como Instrumento de Reabilitação de Áreas Centrais*. 2008.

2009 SOMEKH, Nadia. Projetos Urbanos e Estatuto da Cidade: limites e possibilidades. In Ministério das Cidades (Org.). Brasília, *Operações Urbanas Brasil-França*, 2009, p. 23-42.

SOMEKH, Nadia; LEITE, Carlos. *São Paulo: implementando a mudança urbana*. *Minha cidade*, São Paulo, n. 105.04, Vitruvius, abr. 2009 <https://vitruvius.com.br/revistas/read/minhacidade/09.105/1855>.

SOMEKH, Nadia. Projetos Urbanos e Estatuto da Cidade: limites e possibilidades. In *Operações Urbanas – Anais do Seminário Brasil-França*. 2009, p. 23-43.

2010 SOMEKH, Nadia. Apresentação: velhos e novos princípios de urbanismo no Brasil. In ASCHER, François. *Os novos princípios do urbanismo: 4*. São Paulo, Romano Guerra, 2010, p. 11-17.

SOMEKH, Nadia; CAMPOS NETO, Cândido Malta. "Regulating inequality: origins and transformation of São Paulo's zoning laws." In *14th International Planning History Society Conference*. 2010.

SOMEKH, *Nadia. A reconstrução das utopias. Resenhas online*, São Paulo, n. 107.01, Vitruvius, nov. 2010 <https://vitruvius.com.br/revistas/read/resenhasonline/09.107/3814>.

SOMEKH, Nadia. Arquitetura e metrópole: projetos urbanos da Grand Paris. In *Anais do I ENANPARQ*. 2010.

SOMEKH, Nadia. Cidade contemporânea: projeto urbano Pirelli "La Bicocca". In *Anais do 6° Fórum de Pesquisa Mackenzie*. 2010.

SOMEKH, Nadia. Regiões metropolitanas no Brasil: desenvolvimento e território. In *Anais do Seminário Nacional de Governança Urbana e Desenvolvimento Metropolitano*. 2010.

SOMEKH, Nadia; LEITE, Carlos. "New Forms of Metropolitan Governance. Instruments for Regeneration." In Urban Age. *Cities and Social Equity Report*. 2010.

2011 SOMEKH, Nadia. *Arquitetura na premiação da APCA*. *Drops*, São Paulo, n. 043.04, Vitruvius, abr. 2011 <https://vitruvius.com.br/revistas/read/drops/11.043/3824>.

SOMEKH, Nadia. *Brasil metropolitano*. *Minha cidade*, São Paulo, n. 136.03, Vitruvius, nov. 2011 <https://vitruvius.com.br/revistas/read/minhacidade/12.136/4086>.

SOMEKH, Nadia; EIGENHEER, Daniela Maria. Tecnologia, mobilidade e dispersão metropolitana: sistema Anhanguera/Bandeirantes. *Cadernos de Pós-graduação FAU Mackenzie*. 2011.

SOMEKH, Nadia; BARBOSA, Eliana Rosa de Queiroz. Habitação econômica e qualidade. In *Anais do 7° Fórum de Pesquisa FAU Mackenzie*. 2011.

SOMEKH, Nadia; EIGENHEER, Daniela Maria. Tecnologia, mobilidade e dispersão metropolitana. In *Anais do 7° Fórum de Pesquisa FAU Mackenzie*. 2011.

SOMEKH, Nadia; CAMPOS NETO, Cândido Malta; ABASCAL, Eunice; EIGENHEER, Daniela Maria. Projetos urbanos nas grandes metrópoles sul-americanas: visões de reaproveitamento de áreas subutilizadas em Buenos Aires, Rio e SP. In *Anais do I Congresso Latinoamericano de Estudios Urbanos*. 2011.

SOMEKH, Nadia. Um projeto urbano para São Paulo? In CAMPAGNER, Larissa; CALDANA, Valter (Org.). *Projetos urbanos em São Paulo: oportunidades, experiências e instrumentos*. Livre Expressão, 2011, p. 161-175.

2012

SOMEKH, Nadia. *Qualidade urbana contemporânea. Minha cidade*, São Paulo, n. 138.02, Vitruvius, jan. 2012 <https://vitruvius.com.br/revistas/read/minhacidade/12.138/4161>.

SOMEKH, Nadia. *Trinta anos de urbanismo em São Paulo. Teoria e ação*. *Arquitextos*, São Paulo, n. 143.00, Vitruvius, abr. 2012 <https://vitruvius.com.br/revistas/read/arquitextos/12.143/4324>.

SOMEKH, Nadia. As lições de Ariela: algumas ideias para São Paulo. *Projeto Design*. 2012.

SOMEKH, Nadia; GASPAR, R. Capital excedente e urbanização: o papel dos grandes projetos urbanos. *Revista Brasileira de Estudos Urbanos e Regionais*, nov. 2012, p. 133-146.

SOMEKH, Nadia. *Novas perspectivas para o patrimônio histórico no Brasil. Resenhas online*, São Paulo, n. 129.01, Vitruvius, set. 2012 <https://vitruvius.com.br/revistas/read/resenhasonline/11.129/4418>.

SOMEKH, Nadia; GASPAR, R. O enigma do capital e as crises do capitalismo. *Oculum Ensaios*, n. 15, 2012, p. 32-34.

SOMEKH, Nadia; GASPAR, R. O enigma do capital e as crises do capitalismo. *Pesquisa e Debate*, v. 23, n. 1(41), 2012, p. 41-43.

SOMEKH, Nadia; EIGENHEER, Daniela Maria. Projeto urbano e inclusão social: Milão Pirelli "La Bicocca". *Oculum Ensaios*, n. 16, 2012, p. 18-37.

SOMEKH, Nadia. Metrópoles, governança e projetos urbanos. In EGLER, Tamara Tania Cohen; TAVARES, Hermes Magalhães. *Política pública, rede social e território*. Rio de Janeiro, Letra Capital, 2012, p. 157-176.

2013

SOMEKH, Nadia. *Patrimônio histórico e plano diretor. Minha cidade*, São Paulo, n. 156.01, Vitruvius, jul. 2013 <https://vitruvius.com.br/revistas/read/minhacidade/13.156/4775>.

SOMEKH, Nadia; GALHARDO, A. C. S. A perda da urbanidade em Interlagos: do bairro residencial ao condomínio fechado. *Cadernos de Pós-graduação (FAU Mackenzie)*, v. 12, 2013, p. 81.

SOMEKH, Nadia; LIMA, Maria Lucia Cavendish Cavalcanti. Análise urbanística e diagnóstico de assentamentos precários: um roteiro metodológico. *Ambiente Construído*, v. 13, 2013, p. 109-127.

SOMEKH, Nadia; GAGLIOTI, G. Metrópole e verticalização em São Paulo: exclusão e dispersão. In *Anais dos Encontros Nacionais da ANPUR*. 2013.

SOMEKH, Nadia. Verticalização em São Paulo: a produção da cidade difusa e excludente. In MARINS, Paulo; ALVIM, Zuleika (Org.). *Os céus como fronteira – a verticalização no Brasil*. São Paulo, Grifo, 2013, v. 1, p. 91-131.

2014

SOMEKH, Nadia; GAGLIOTI, G. Evolução histórica da verticalização em São Paulo: balanço e perspectivas. *Revista do Arquivo Municipal*, v. 205, 2014, p. 119-132.

2015

SOMEKH, Nadia (Org.). *Preservando o patrimônio histórico: um manual para gestores municipais*. São Paulo, CAU SP, 2015.

SOMEKH, Nadia. *Jornadas do Patrimônio. Como valorizar a arquitetura e o patrimônio histórico. Drops*, São Paulo, n. 097.01, Vitruvius, out. 2015 <https://vitruvius.com.br/revistas/read/drops/16.097/5728>.

SOMEKH, Nadia. *Patrimônio cultural em São Paulo: resgate do contemporâneo? Arquitextos*, São Paulo, n. 185.08, Vitruvius, out. 2015 <https://vitruvius.com.br/revistas/read/arquitextos/16.185/5795>.

SOMEKH, Nadia. *Prêmio APCA 2014: Cristiano Mascaro. Drops*, São Paulo, n. 089.01, Vitruvius, fev. 2015 <https://vitruvius.com.br/revistas/read/drops/15.089/5429>.

SOMEKH, Nadia; FREGONEZI, Bruna; ZANCHETI, S. M. Revitalização urbana no Brasil: comparando quatro centros históricos. In *Anais do XVI ENAMPUR*. 2015.

2016 SOMEKH, Nadia. *Pedro Paulo de Melo Saraiva, sensibilidade e precisão. Drops*, São Paulo, n. 101.01, Vitruvius, fev. 2016 <https://vitruvius.com.br/revistas/read/drops/17.101/5920>.

SOMEKH, Nadia; CALLIARI, M. "Brazil – heritage preservation in São Paulo." In FEITOSA, Maria José Gomes (Org.). *World heritage: the end of the 20th century*. São Paulo, FAU USP UIA, 2016, v. 1, p. 102-110.

SOMEKH, Nadia; BARBOSA, Eliana Rosa de Queiroz. Lisboa e São Paulo: projetos urbanos e patrimônio com Ariela Masboungi. In FERNANDES, Ana; SOMEKH, Nadia; FREY, Jean-Pierre; DUBOIS-MAURY, Jocelyne; CALDANA, Valter (Org.). *Construir a metrópole contemporânea diálogos França-Brasil*. UFBA, 2016, p. 311-330.

SOMEKH, Nadia; FERNANDES, Ana; FREY, Jean-Pierre; DUBOIS-MAURY, Jocelyne; CALDANA, Valter (Org.). *Construir a metrópole contemporânea diálogos França-Brasil*. UFBA, 2016.

SOMEKH, Nadia. Desenvolvimento sustentável e instrumentos urbanísticos no Bexiga: cidade compacta, patrimônio cultural e urbanidade. *Fundo Mackenzie de Pesquisa – MackPesquisa*. 2016.

SOMEKH, Nadia. Inovação na gestão do patrimônio cultural em São Paulo. In *Anais do 4° Colóquio Brasil-Portugal*. 2016.

SOMEKH, Nadia. Patrimônio ambiental urbano, urbanidade e construção de cidade. In *Anais do IV Encontro da Associação Nacional de Pesquisa e Pós-graduação em Arquitetura e Urbanismo – ENANPARQ*. 2016.

SOMEKH, Nadia; FREGONEZI, Bruna. "Regenerating São Paulo's City Center: Three Intervention Projects." In *Anais do 17th IPHS Conference – DELFT*. 2016.

2017 SOMEKH, Nadia. *Cidade, patrimônio, herança e inclusão. Em busca de novos instrumentos. Arquitextos*, São Paulo, n. 211.00, Vitruvius, dez. 2017 <https://vitruvius.com.br/index.php/revistas/read/arquitextos/18.211/6825>.

SOMEKH, Nadia; EIGENHEER, Daniela Maria. Formas avançadas de dispersão urbana no vetor noroeste paulista: eixo São Paulo-Campinas. *Cadernos Metrópole* (PUC SP), 19 (40), set-dez. 2017, p. 777-797.

SOMEKH, Nadia. Innovations and absences in the management of heritage in São Paulo. *Cadernos de Pós-graduação em Arquitetura e Urbanismo (FAU Mackenzie)*, v. 17, n. 1, 2017, p. 26-39.

SOMEKH, Nadia. Inovações na proteção do patrimônio cultural em São Paulo. *Archdaily Brasil*, 29 Ago 2017 <https://www.archdaily.com.br/br/878219/inovacoes-na-protecao-do-patrimonio-cultural-em-sao-paulo>.

SOMEKH, Nadia; EIGENHEER, Daniela Maria. Territorios metropolitanos y dispersión urbana em Brasil: el vector noroeste de la capital paulista. In *Anales del Instituto de Arte Americano e Investigaciones Estéticas*. 2017, p. 205-213.

SOMEKH, Nadia. Gestão de bairros históricos, patrimônio cultural e urbanidade. *Relatório bolsa de pesquisa no exterior – FAPESP*. 2017.

SOMEKH, Nadia; BARBOSA, Eliana Rosa de Queiroz. "Lisbonne et São Paulo: projets urbains et Patrimoine. Un dialogue avec Ariella Masboungi." In PARIS, Didier (Org.). *Vivre le territoire et faire la ville autrement?: regards croisés franco-brésiliens*. Paris, Septentrion, 2017, p. 343-359.

2018 SOMEKH, Nadia; CORRÊA, Vanessa Fernandes. Cidade contemporânea, transformação urbana e patrimônio cultural. In FERNANDES, Ana; CHAGAS, Maurício (Org.). *O direito à cidade na França e no Brasil: uma nova agenda urbana*. Salvador, EDUFBA, 2018, v.1, p. 515-527.

SOMEKH, Nadia; BARBOSA, Eliana Rosa de Queiroz; MEULDER, Bruno. Ocupando a várzea do rio tietê: o rio, a ferrovia e a marginal. In *Anais XV Seminário de História da Cidade e do Urbanismo*. 2018.

SOMEKH, Nadia. Verticalização em tensão: tombamento, desenvolvimento e urbanidade no Bexiga. In *Anais V ENANPARQ*. 2018.

2019 SOMEKH, Nadia; STEVENS, Jeroen; MEULDER, Bruno de. *Ocupações no centro da cidade de São Paulo. Um urbanismo emergente? Arquitextos*, São Paulo, n. 230.01, Vitruvius, jul. 2019, <https://vitruvius.com.br/revistas/read/arquitextos/20.230/7472>.

SOMEKH, Nadia; EIGENHEER, Daniela Maria. "São Paulo Metropolitan Transformations: Innovation or Reproduction." *Urban and Regional Planning*, 2019, p. 48-52.

SOMEKH, Nadia; BARBOSA, Eliana Rosa de Queiroz; MEULDER, Bruno. Territórios expectantes e os instrumentos urbanísticos: o caso da operação urbana água branca. *Revista Brasileira de Estudos Urbanos e Regionais*, 2019, p. 451-471.

SOMEKH, Nadia. Projeto urbano e inclusão: a experiência da fábrica de restauro no Bexiga. In *Anais Seminário Gentrificação: Medir, Prevenir e Enfrentar*. 2019.

2020

SOMEKH, Nadia; SIMÕES JR, José Geraldo (Org.). *Bexiga em três tempos: patrimônio cultural e desenvolvimento sustentável*. São Paulo, Romano Guerra, 2020.

SOMEKH, Nadia; LEITE, Carlos; MILITELLI, Fernanda; BONDUKI, Nabil; et al. São Paulo: participation and social inclusion on cultural heritage. In *Social Urbanism in Latin America*. Springer, 2020, p. 125-135.

2021

SOMEKH, Nadia; *CORRÊA*, Vanessa Fernandes. Origens da jornada do patrimônio na cidade de São Paulo. *Revista do Arquivo Municipal – RAM 207: 45 anos do DPH*, 2021, p. 321-327.

SOMEKH, Nadia; CARDOSO, Thais. Reconversão de áreas industriais e inclusão social? O caso da LX Factory, Lisboa. *Oculum Ensaios*, v. 18, 2021.

SOMEKH, Nadia. Mulheres, Pobreza e Arquitetura. *Mulheres, arquitetura e cidade em tempos de crise*, São Paulo, v. 1, 2021, p. 9, Cadernos de Pós-graduação, FAU Mackenzie <https://editorarevistas.mackenzie.br/index.php/cpgau/article/view/mulheres.pobreza.arquitetura.cadernos.pos.au.2021.1/11052>

SOMEKH, Nadia; MILITELLI, Fernanda. A questão ambiental e o mito da cidade compacta em São Paulo. In JACOBI, Pedro Roberto; RICÁRDEZ, Mario Federico Bassols; TORRES, Pedro Henrique Campello; ZIONI, Silvana; VENANCIO-FLORES, Arturo. *Dilemas ambientais-urbanos em duas metrópoles latino-americanas São Paulo e Cidade do México no século XXI*. Paco e Littera, 2021, p. 75-87.

SOMEKH, Nadia; ALVIM, Angélica. Desigualdades territoriais e pandemia: desafios para arquitetos e urbanistas. In MARQUES, Leila; VOGEL, Denise; FEIGELSON, Simone. *Cidades vacinadas: ensaios urbanos e ambientais para um Brasil pós-pandemia*. Rio Books, 2021.

SOMEKH, Nadia. "Nature enterrée, mémoire (in) existance? Le cas du Bexiga à São Paulo." In DI PIETRO, Francesca; CARRIÈRE, Jean-Pierre; HAMDOUCH, Abdelillah; ROBERT, Amélie; SERRANO, José. *Faire nature en ville*. L'Harmattan, 2021.

SOMEKH, Nadia; MILITELLI, Fernanda. Cidade compacta, regulação e verticalização: São Paulo em foco. In *Anais do Encontro da Associação Nacional de Pesquisa e Pós-graduação em Arquitetura e Urbanismo*. 2021.

2022

SOMEKH, Nadia; CALDANA, Valter; FARINELLA, Romeo. "Towards an Efective and Democratic Governance in The Central Area of São Paulo?" In FARINELLA, Romeo; CALDANA, Valter. *Downtown São Paulo: Reflections Of An International Design Lab*. Aracne (Genzano di Roma), 2022.

2023

SOMEKH, Nadia (Org.). *Marcas da gestão CAU Brasil 2021-2023*. Brasília, 2023.

SOMEKH, Nadia (Org.). *Boas práticas do CAU em Athis: relatório executivo da semana de habitação*. Brasília, 2023.

SOMEKH, Nadia; NUNES, A. C. O Brasil precisa de mais arquitetura e urbanismo. In *Residência em Arquitetura e Urbanismo: uma experiência de Athis da FAU Mackenzie em Taboão da Serra*. 2023, p. 39-52.

SOMEKH, Nadia (Org.) *Projeto Amazônia 2040*. Brasília, 2023.

SOMEKH, Nadia. *Os edifícios de Brasília refletem o nosso projeto de país*. *Drops*, São Paulo, n. 184.01, Vitruvius, jan. 2023 <https://vitruvius.com.br/revistas/read/drops/23.184/8693>.

SOMEKH, Nadia. Patrimônio histórico, projetos urbanos e urbanidade: o caso de São Paulo. In *Cadernos do patrimônio cultural: memórias, gestão e sustentabilidade*. 2023, p. 87-100.

SOMEKH, Nadia. Urbanismo social e arquitetura popular: qual participação? In LEITE, Carlos (Org.). *Guia de urbanismo social*. São Paulo, BEI Editorial, Núcleo do Urbanismo Social do Laboratório Arq.Futuro de Cidades do Insper e Diagonal, 2023, p. 139-144.

SOMEKH, Nadia; BALBIM, Renato. *Urbanismo corporativo ou urbanismo social. Qual proposta para o Brasil? Arquitextos*, São Paulo, n. 276.00, Vitruvius, maio 2023 <https://vitruvius.com.br/revistas/read/arquitextos/23.276/8784>.

2024

SOMEKH, Nadia. *Dois tempos, dois arquitetos: Christiano Stockler das Neves e Nelson Dupré. Parecer de tombamento da Estação Júlio Prestes, situado na praça Júlio Prestes*. *Minha cidade*, São Paulo, n. 283.01, Vitruvius, fev. 2024 <https://vitruvius.com.br/revistas/read/minhacidade/24.283/8973>.

SOMEKH, Nadia; FREGONEZI, Bruna; DEL'ARCO, Guilherme. Urbanismo corporativo/urbanismo cooperativo: uma gestão responsável em São Paulo é possível? *Estudos Avançados*, v. 38, n. 111, 2024, p. 199-215.

SOMEKH, Nadia. Por que São Paulo não é a terra do arranha-céu? *Estadão – Blog do Fausto Macedo*, 24 set 2024 <www.estadao.com.br/politica/blog-do-fausto-macedo/por-que-sao-paulo-nao-e-a-terra-do-arranha-ceu/>.

SOMEKH, Nadia; FREGONEZI, Bruna. Patrimônio cultural e participação: construções para um estado contemporâneo. In *Anais do XV Seminário Docomomo Brasil*. 2024.

2025

SOMEKH, Nadia; DEL'ARCO, Guilherme. King's Cross e operação urbana Água Branca. *Cadernos Metrópole (PUC SP)*, v. 27, n. 62, 2025, p. 1-25.

SOMEKH, Nadia. Mudanças climáticas e desigualdades: quais os recados para a COP-30? In *Anais do Encontro Nacional da Associação de Pesquisa e Pós-graduação em Arquitetura e Urbanismo*. 2025, p. 1-25.

SOMEKH, Nadia. Do urbanismo modernizador ao urbanismo corporativo: o fantasma do plano habitacional. In *Cidades das desigualdades*. 2025, no prelo.

SOMEKH, Nadia; ALVES, Marcio Veronese. Urbanismo corporativo e o plano diretor estratégico de São Paulo: inclusão social nas "lições" de Paris. *Arq.urb*, n. 40, abr.- dez. 2025.

REFERÊNCIAS

AALBERS, Manuel B. The variegated financialization of housing. *International Journal of Urban and Regional Research*, v. 41, n. 4, Sheffield, jul. 2017, p. 542-554 <https://bit.ly/3LOZumH>.

ARANTES, Otília B. Fiori; VAINER, Carlos; MARICATO, Ermínia. *A cidade do pensamento único: desmanchando consensos*. Petrópolis, Vozes, 2000, p. 75-103.

BALBIM, Renato. Fragmentação da metrópole e seletividade socioespacial. *Experimental*, ano 1, n. 1, São Paulo, Laboplan DG FFLCH USP, jul. 1996

BALBIM, Renato. *International City's Networks and Diplomacy*. Discussion Paper 257. Brasília, Ipea, 2021 <https://bit.ly/3nzEg2G>.

BALBIM, Renato; BECKER, Maria Fernanda; CASSIOLATO, Martha; KRAUSE, Cleandro; NADALIN, Vanessa. *Meta-avaliação: estudos e proposições metodológicas a partir da avaliação de políticas de urbanização de assentamentos precários*. Texto para Discussão 1704. Brasília, Ipea, 2012 <https://bit.ly/3LsbGZb>.

BALBIM, Renato; KRAUSE, Cleandro; BECKER, Maria Fernanda; LIMA NETO, Vicente Correia; CASSIOLATO, Martha; ANDRADE, Carla Coelho de. *Metodologia de avaliação de resultados: o caso das intervenções do pac urbanização de favelas*. Texto para Discussão 1903. Brasília, Ipea, 2013 <https://bit.ly/3LPjDZQ>.

BALBIM, Renato; SANTIAGO, Cristine Diniz. *Informal Settlements: a divisão da cidade e seus termos*. Brasília, Ipea, 2022 <https://bit.ly/40ZxnWk>.

BONDUKI, Nabil; KOURY, Ana Paula. *Das reformas de base ao BNH: as propostas do Seminário de Habitação e Reforma Urbana*. *Arquitextos*, ano 10, n. 120.02, São Paulo, Vitruvius, maio 2010 <https://bit.ly/40Xow7h>.

BRASIL. *Governo Federal aumenta subsídio para Faixa 1 do Minha Casa Minha Vida*. Brasília, Secretaria de Comunicação Social, 9 mar. 2023 <https://bit.ly/3LRvJ4u>.

BRASIL. *Lei n. 10.257, de 10 de julho de 2001 – Estatuto da Cidade*. Regulamenta os artigos. 182 e 183 da Constituição Federal, estabelece diretrizes gerais da política urbana e dá outras providências. Brasília, Presidência da República, Casa Civil, Subchefia para Assuntos Jurídicos, 2001 <https://bit.ly/3LuC7NW>.

BRASIL. *Lei n. 11.888, de 24 de dezembro de 2008 – Athis*. Assegura às famílias de baixa renda assistência técnica pública e gratuita para o projeto e a construção de habitação de interesse social. Brasília, Presidência da República, Casa Civil, Subchefia para Assuntos Jurídicos, 2008 <https://bit.ly/3LuC7NW>.

BRASIL. Lei n. 12.378, de 31 de dezembro de 2010. Regulamenta o exercício da Arquitetura e Urbanismo; cria o Conselho de Arquitetura e Urbanismo do Brasil – CAU/BR e os Conselhos de Arquitetura e Urbanismo dos Estados e do Distrito Federal – CAUs e dá outras providências. *Diário Oficial da*

União. Brasília, Presidência da República, Casa Civil, Subchefia para Assuntos Jurídicos, 31 dez. 2010 (edição extra) <https://bit.ly/3LuC7NW>.

BRASIL. Medida Provisória n. 1.162, de 14 de fevereiro de 2023. Dispõe sobre o Programa Minha Casa Minha Vida. *Diário Oficial da União*, n. 33, Brasília, 15 fev. 2023, seção 1, p. 2 <https://bit.ly/3HzfoPz>.

BRASIL. Resolução n. 225, de 17 de dezembro de 2020. Aprova o Programa de Regularização Fundiária e Melhoria Habitacional, integrante do Programa Casa Verde e Amarela. *Diário Oficial da União*, n. 242, Brasília, Ministério do Desenvolvimento Regional, Conselho Curador do Fundo de Desenvolvimento Social, 18 dez. 2020, seção 1, p. 19 <https://bit.ly/3LSXjOW>.

BRENNER, Neil; THEODORE, Nik. Cities and the Geographies of "Actually Existing Neoliberalism." *Antipode*, v. 34, n. 3, Cardiff, jul. 2002, p. 349-379 <https://bit.ly/3nh0gj3>.

CALDEIRA, Teresa Pires do Rio. *Cidade de muros: crime, segregação e cidadania em São Paulo*. São Paulo, Editora 34/Edusp, 2000.

CASTELLS, Manuel. *La question urbaine.* Paris, Maspero, 1972.

CASTILLO, Ricardo Abid. *Fragmentação da terra: propriedade fundiária absoluta e espaço mercadoria do município de São Paulo.* Orientadora Maria Adélia Aparecida de Souza. Dissertação de mestrado. São Paulo, DG FFLCH USP, 1993 <https://bit.ly/3ALXIwg>.

CONSELHO DE ARQUITETURA E URBANISMO DO BRASIL. *CAU Brasil promove direito de todos à moradia digna.* Brasília, 27 de abril de 2021 <https://caubr.gov.br/campanha-mais-arquitetos-cau-brasil-promove-direito-de-todos-a-moradia-digna/>.

CONSELHO DE ARQUITETURA E URBANISMO DO BRASIL. *Chamada Pública CAU/BR Nº 5/2022: Apoio à Assistência Técnica para Habitação de Interesse Social, Regularização Fundiária e Promoção da Habitação de Interesse Social*. Brasília, 23 de junho de 2022. <https://transparencia.caubr.gov.br/chamadas/>.

CONSELHO DE ARQUITETURA E URBANISMO DO BRASIL. *Chamada Pública CAU/BR Nº 5/2021: Apoio à Assistência Técnica para Habitação de Interesse Social*. Brasília, 28 de setembro de 2021. <https://transparencia.caubr.gov.br/chamadas/>.

CONSELHO DE ARQUITETURA E URBANISMO DO BRASIL. *Como o Brasil constrói.* Pesquisa DataFolha-CAU BR, 2022 <https://bit.ly/3VoQ8Bc>.

CONSELHO DE ARQUITETURA E URBANISMO DO BRASIL. *Diretrizes para elaboração do Plano de Ação e Orçamento do CAU 2017*. Brasília, 12 jul. 2016 <https://bit.ly/3p4nGZs>.

CONSELHO DE ARQUITETURA E URBANISMO DO BRASIL. *Diretrizes para elaboração do Plano de Ação e Orçamento do CAU 2017*. Brasília, 12 de julho de 2016. <https://transparencia.caubr.gov.br/arquivos/diretrizes_2017_CAU.pdf>.

CONSELHO DE ARQUITETURA E URBANISMO DO BRASIL. *Edital de chamamento público de apoio institucional n. 05/2021*. Apoio à assistência técnica para Habitação de Interesse Social. Brasília, 28 set. 2021 <https://bit.ly/3nmF3nQ>.

CONSELHO DE ARQUITETURA E URBANISMO DO BRASIL. *Edital de chamamento público de apoio institucional n. 05/2022*. Apoio à assistência técnica para habitação de interesse social, regularização fundiária e promoção da Habitação de Interesse Social. Brasília, 23 jun. 2022 <https://bit.ly/3ARYhET>.

CONSELHO DE ARQUITETURA E URBANISMO DO BRASIL. *Relatório Marcas de Gestão do CAU Brasil*. Brasília, 2023.

DANIEL, Celso. *Poder local e socialismo.* São Paulo, Perseu Abramo, 2002.

DAVIS, Mike. *Planeta favela.* São Paulo, Boitempo, 2015.

DEDECCA, C. S.; TROVÃO, C. J. B. M. São Paulo metrópole: sustentabilidade com redução das desigualdades, um processo unitário. *Estudos avançados,* v. 38, n. 111, mai./ago. 2024, p. 179-198.

FELDMAN, Sarah; SOMEKH, Nadia; COSTA, Horácio. Transformações urbanas: preservação e destruição. *Revista CJ Arquitetura*, São Paulo, v. 19, 1978, p. 42-44.

FERNANDES, Ana. Decifra-me ou te devoro: urbanismo corporativo, cidade-fragmento e dilemas da prática do urbanismo no Brasil. In GONZALES, Suely F. N.; FRANCISCONI, Jorge Guilherme; PAVIANI, Aldo (Org.). *Planejamento e urbanismo na atualidade brasileira: objeto teoria prática*. São Paulo/Rio de Janeiro, Livre Expressão, 2013, p. 83-107.

FERNANDES, Ana; FIGUEIREDO, Glória Cecília. Cidade corporativa, ações internacionais e a luta pelo direito à cidade: desafios colocados à Habitat III. In BALBIM, Renato (Org.). *Geopolítica das cidades: velhos desafios, novos problemas*. Brasília, Ipea, 2016, p. 171-193 <https://bit.ly/411Gq92>.

FIX, Mariana de Azevedo Barretto. *Financeirização e transformações recentes no circuito imobiliário no Brasil*. Orientador Wilson Cano. Tese de doutorado. Campinas, IE Unicamp, 2011 <https://bit.ly/3AQm73L>.

FRANÇA, Antonio Augusto Galvão de; FERREIRA, João Sette Whitaker. Estatuto da Cidade e forma social patrimonialista. In FERNANDES, Edésio (Org.). *20 anos do Estatuto da Cidade: experiências e reflexões*, 2021, p. 366-371 <https://bit.ly/41YGrMa>.

FREIRE, Victor da Silva. Os melhoramentos de São Paulo. In *Revista Polytecnica*, n. 33 (v. VI), fevereiro a março de 1911.

FUNDAÇÃO JOÃO PINHEIRO (FJP). *Déficit habitacional no Brasil 2022.* Belo Horizonte, FJP, 2023.

FUNDAÇÃO JOÃO PINHEIRO. *Déficit habitacional e inadequação de moradias no Brasil: principais resultados para o período de 2016 a 2019*. Belo Horizonte, FJP/Diretoria de Estatística e Informações, 2021 <https://bit.ly/40UGFTj>.

FUNDAÇÃO JOÃO PINHEIRO. Diretoria de Estatística e Informações. *Déficit habitacional e Inadequação de Moradias no Brasil: 2016 - 2019*. Belo Horizonte: FJP, 2021. <https://drive.google.com/file/d/1MgenDRYIfH10aYirjRYIKwJGHwIxulGq/view>.

GOTTDIENER, Mark. *A produção social do espaço urbano*. São Paulo, Edusp, 1993.

HARVEY, David. *Cosmopolitanism and the Geographies of Freedom*. New York, Columbia University Press, 2009.

HARVEY, David. *Le capitalisme contre le droit à la ville*. Paris, Amsterdam, 2011.

INSTITUTO DE PESQUISA ECONÔMICA APLICADA. *Modelagem lógica para estruturação programática da Assistência Técnica de Habitação de Interesse Social – Athis*. Primeiro Relatório – Protocolo de Intenções. Brasília, Ipea/CAU BR, 2023 (no prelo).

KOWARICK, Lúcio. A lógica da desordem. In *Crescimento e pobreza*. Rio de Janeiro, Paz e Terra, 1975.

KOWARICK, Lucio. Desarrollo capitalista y marginalidad: el caso brasileno. *Revista Mexicana de Sociología*, v. 40, n. 1 Cidade do México, jan./mar. 1978, p. 31-54 <https://bit.ly/3ALoV2f>.

LEFEBVRE, Henri. *Le droit à la ville*. Paris, Anthropos, 1968.

LEITE, Carlos (Org.). *Guia de urbanismo social*. São Paulo, BEI Editora: Núcleo de Urbanismo Social do Laboratório Arq. Futuro de Cidades do Insper e Diagonal, 2023.

LIMA, Adriana Nogueira Vieira; OLIVEIRA, Liana Silvia de Viveiros e; SOUZA, Maria José Andrade de. O Direito nas trincheiras da cidade: urbanismo corporativo e práticas contra-hegemônicas. *Revista Direito e Práxis*, ano 11, n. 1, jan.-mar. 2020, p. 612-644 <https://bit.ly/42nlIBQ>.

LIPIETZ, Alain. *Le capital et son espace*. Paris, Maspero, 1977.

LIPIETZ, Alain. *Le tribut forcier urbain*. Paris, Maspero, 1974.

LOJKINE, Jean. *O Estado capitalista e a questão urbana*. São Paulo, Martins Fontes, 1979.

MAGALHÃES, Alex Ferreira. O direito das favelas no contexto das políticas de regularização: a complexa convivência entre legalidade, norma comunitária e arbítrio. *Revista Brasileira de Estudos Urbanos e Regionais*, v. 11, n. 1, mai. 2009, p. 89-103 <https://bit.ly/3HDfdmm>.

MANCUSO, Franco. *Las experiencias del zoning*. Colección Ciencia Urbanística, v. 21. Barcelona, Gustavo Gili, 1980.

MARICATO, Erminia. Dimensões da tragédia urbana. *Com Ciência*, n. 29, Campinas, Labjor Unicamp/SBPC, mar. 2002 <https://bit.ly/3Vqr5Oy>.

MARICATO, Erminia. Urbanismo na periferia do mundo globalizado: metrópoles brasileiras. *São Paulo em Perspectiva*, v. 14, n. 4, São Paulo, Seade, 2000, p. 21-33 <https://bit.ly/3HxCDcT>.

OLIVEIRA, Margarete Rodrigues Neves. *A produção de escassez do espaço urbano: um estudo sobre o boom imobiliário, uso de Transcons e apropriação de mais-valia fundiária urbana em Salvador BA (1968-2008).* Orientadora Angela Maria Gordilho Souza. Tese de doutorado, FAU UFBA, Salvador, 2013 <https://bit.ly/3NunQDx>.

PEREIRA, Alvaro Luis dos Santos. Financialization of Housing in Brazil: New Frontiers. *International Journal of Urban and Regional Research*, v. 41, n. 4, Sheffield, jul. 2017, p. 604-622 <https://bit.ly/3HBpIqg>.

PIRES, Roberto; GOMIDE, Alexandre. Governança e capacidades estatais: uma análise comparativa de programas federais. *Revista de Sociologia e Política*, v. 24, n. 58, Curitiba, jun. 2016, p. 121-143 <https://bit.ly/3VuTQt1>.

PUTNAM, Robert. *Comunidade e democracia.* São Paulo, Ed. FGV, 2008.

ROLNIK, Raquel. Urban Warfare: Housing Under the Empire of Finance – Presentation and Book Launch. *Focus*, n. 16, San Luis Obispo, 2019, p. 9-18 <https://bit.ly/3VqwW6d>.

ROLNIK, Raquel; CARVALHO, Celso Santos; FERNANDES, Edésio. *Regularização fundiária de assentamentos informais urbanos*. Belo Horizonte, PUC Minas Virtual, 2006 <https://bit.ly/3LvN2qu>.

SANTOS, Boaventura de Sousa. *A crítica da razão indolente: contra o desperdício da experiência*. São Paulo, Cortez, 2000.

SANTOS, Milton (Org.). *Técnica espaço tempo: globalização e meio técnico-científico informacional*. São Paulo, Hucitec, 1994.

SANTOS, Milton. *A urbanização brasileira*. São Paulo, Hucitec, 1993.

SANTOS, Milton. *Metrópole corporativa fragmentada: o caso de São Paulo*. São Paulo, Nobel, 1990.

SANTOS, Milton. *O espaço dividido.* São Paulo, Edusp, 2004.

SANTOS, Milton. *O espaço do cidadão*. São Paulo, Edusp, 1987.

SANTOS, Milton. *Por uma geografia nova.* São Paulo, Edusp, 1970.

SANTOS, Milton. Spatial Dialetics: The Two Circuits of Urban Economy in Underdeveloped Countries. *Antipode*, v. 9, n. 3, Cardiff, 1977, p. 49-60 <https://bit.ly/3p2DQlY>.

SASSEN, Saskia. The Global City: Introducing a Concept. *The Brown Journal of World Affairs*, v. 11, n. 2, Providence, spring/summer 2005, p. 27-43 <https://bit.ly/41OqfsK>.

SISTEMA NACIONAL DE INFORMAÇÕES SOBRE SANEAMENTO (Brasil). *Diagnóstico dos serviços de água e esgoto, do manejo de resíduos sólidos urbanos e de drenagem e manejo das águas pluviais urbanas*. Brasília, SNIS, Ministério da Integração e do Desenvolvimento Regional, 2022 <https://bit.ly/44kLkAW>.

SMITH, Neil. New Globalism, New Urbanism: Gentrification as Global Urban Strategy. *Antipode*, v. 34, n. 3, Cardiff, dez. 2002, p. 427-450 <https://bit.ly/41YPtZF>.

SMITH, Richard G. Beyond the global city concept and the myth of "command and control." *International Journal of Urban and Regional Research*, v. 38, n. 1, Sheffield, jan. 2014, p. 98-115 <https://bit.ly/44kPJnt>.

SOMEKH, Nadia. *A (des)verticalização de São Paulo.* Orientadora Maria Adélia A. de Souza. Dissertação de mestrado. FAU USP, 1987.

SOMEKH, Nadia. *A cidade vertical e o urbanismo modernizador.* São Paulo, Nobel, 1997.

SOMEKH, Nadia. *Trinta anos de urbanismo em São Paulo. Arquitextos,* São Paulo, n. 143.00, Vitruvius, abr. 2012 <https://vitruvius.com.br/revistas/read/arquitextos/12.143/4324>.

SOMEKH, Nadia. Urbanismo social e arquitetura popular: qual participação? In LEITE, Carlos (Org.). *Guia de urbanismo social.* São Paulo, BEI Editora: Núcleo de Urbanismo Social do Laboratório Arq. Futuro de Cidades do Insper e Diagonal, 2023, p. 139-144.

SOMEKH, Nadia; BALBIM, Renato. *Urbanismo corporativo ou urbanismo social: qual proposta para o Brasil? Arquitextos*, São Paulo, n. 276.000, Vitruvius, mai. 2023 <https://vitruvius.com.br/revistas/read/arquitextos/23.276/8784>.

SOMEKH, Nadia; CAMPOS FILHO, Cândido Malta (orgs.). *A cidade que não pode parar: planos urbanísticos de São Paulo no século 20*. São Paulo, Mackenzie, 2008.

SOUSA JÚNIOR, José Geraldo. *O direito como liberdade*. Porto Alegre, Safe, 2011.

SOUZA, Maria Adélia Aparecida. *A identidade da metrópole.* Tese (Livre Docência). FFLCH USP, 1989.

TOPALOV, Christian. *De la cuestión social a los problemas urbanos: los reformadores y la población de las metrópolis del siglo XX*. Berkeley, Conferência apresentada no Departamento de Antropologia da Universidade da Califórnia, 1986.

TOPALOV, Christian. *De la planification à l'écologie: naissance d'un nouveau paradigme de l'action sur la ville et l'habitat?* Montreal, Visa Housing, 1992.

TOPALOV, Christian. *La urbanización capitalista.* México, Edicol, 1979.

TOPALOV, Christian. *Le profit, la rente et la ville.* Paris, Economica, 1984.

TOPALOV, Christian. *Les promoteurs immobiliers.* Paris, Mouton, 1974.

VEDIA, Juan Molina. *Mi Buenos Aires herido: planes de desarrollo territorial y urbano (1535-2000).* Buenos Aires, Colihue, 1999.

ZMITROWICZ, Witold Stanislas. *As obras públicas de engenharia e sua função na estruturação da cidade de São Paulo.* São Paulo, Poli USP, 1986.

CRÉDITO DE IMAGENS

PUBLICAÇÕES

SOMEKH, Nadia; COSTA, José Horácio; FELDMAN, Sarah. Transformações urbanas: preservação e destruição. CJ Arquitetura, 1978, p. 22-44. Primeiro artigo publicado – p. 12

SOMEKH, Nadia; NERY JR, José Marinho; ROLNIK, Raquel. Políticas públicas para manejo do solo urbano: experiências e possibilidades. *Pólis*, n. 27, 1996 – p. 12

SOMEKH, Nadia; ROLNIK, Raquel; KOWARICK, Lucio. *São Paulo: crise e mudança.* São Paulo, Brasiliense, 1990 – p. 12 e 13

SOMEKH, Nadia. *A cidade vertical e o urbanismo modernizador: São Paulo 1920-1939*. Tese de doutorado. São Paulo, FAU USP, 1994 – p. 13

SOMEKH, Nadia. *A cidade vertical e o urbanismo modernizador*. Editora Mackenzie, Romano Guerra, 1997 – p. 14 (esq.)

BISHOP, Peter; WILLIAMS, Lesley. "King's Cross draws on its history: numerous heritage buildings are being retained and restored as shops and restaurants – their colour and character proudly displaying the unique nature of the development", *Planning, Politics and City-Making: A Case Study of King's Cross*. Londres, Riba Publishing – p. 14

SOMEKH, Nadia. As cidades têm alma. In DIAFÉRIA, Lourenço et al. *Um século de luz.* São Paulo, Scipione, 2001 – p. 15 (esq.)

Paris Rive Gauche: Documents 1981-2016. Paris, Editions du Pavillon de l'Arsenal, 2016 – p. 15 (dir.)

SOMEKH, Nadia. Prefácio. In *Caminhos para o centro: estratégias de desenvolvimento para a região central de São Paulo*, Emurb, 2004 – p. 16 (em cima)

SOMEKH, Nadia. Apresentação: velhos e novos princípios de urbanismo no Brasil. In ASCHER, François. *Os novos princípios do urbanismo: 4*. São Paulo, Romano Guerra, 2010 – p. 16 (embaixo)

SOMEKH, Nadia; CAMPOS NETO, Cândido Malta (Orgs). *A cidade que não pode parar: planos urbanísticos de São Paulo no século XX*. São Paulo, Editora Mackenzie, 2002 – p. 17

SOMEKH, Nadia; SIMÕES JR, José Geraldo (Org.). *Bexiga em três tempos: patrimônio cultural e desenvolvimento sustentável*. São Paulo, Romano Guerra, 2020 – p. 18

SOMEKH, Nadia (Org.). *Preservando o patrimônio histórico: um manual para gestores municipais*. São Paulo, CAU SP, 2015 – p. 19 (em cima)

SOMEKH, Nadia; CORRÊA, Vanessa Fernandes. Origens da jornada do patrimônio na cidade de São Paulo. *Revista do Arquivo Municipal – RAM 207: 45 anos do DPH*, 2021 – p. 19 (meio)

SOMEKH, Nadia. *A cidade vertical e o urbanismo modernizador*. Editora Mackenzie, Romano Guerra, 1997 – p. 19 (embaixo)

Marcas da gestão CAU Brasil, edição Júlio Moreno, presidência Nadia Somekh, 2021-2023 – p. 20, 21

FOTOS

Nadia Somekh
ensaio fotográfico *Edifício Martinelli ocupado, em ruínas*, São Paulo, 1974-1975 – p. 1, 2, 3, 4, 226, 230 (esq.), 238 (dir.)

Nelson Kon
ensaio fotográfico *Vistas aéreas de São Bernardo do Campo*, 2004 – p. 51, 53 (embaixo), 56 (em cima), 172 (esq. e dir.), 176, 182 (dir.)

ensaio fotográfico *Vistas aéreas de São Bernardo do Campo* 2012 – p. 136, 182 (esq.), 186, 192, 198, 202, 206 (esq. e dir.), 212, 216, 220 (em cima e embaixo)

ensaio fotográfico *Vistas aéreas de São Paulo*, 2004 – p. 50, 52 (em cima), 52 (embaixo), 53 (em cima), 54, 55 (em cima), 55 (embaixo), 56 (embaixo), p. 56 (abaixo), 57, 58-59, 62 (em cima e embaixo), 66 (em cima e embaixo), 70 (em cima e embaixo), 76, 80, 84, 92, 112 (dir. e esq.), 116, 126, 130, 142

Pedro Kok
ensaio fotográfico *Casa Vila Matilde*, projeto Terra e Tuma, 2015 – p. 230 (dir.), 234 (em cima), 234 (embaixo), 238 (esq.)

SOBRE A AUTORA

Nadia Somekh é arquiteta e urbanista, mestre e doutora (FAU USP, 1976, 1987, 1994). Fez pós-doutorado na *École des Hautes Études en Sciences Sociales* (Paris, França) com bolsa do Fundo Mackenzie de Pesquisa (2011). Foi Secretária de Planejamento em São José dos Campos SP (1996), Secretária de Desenvolvimento Econômico e Trabalho em Santo André SP (2000-2002), presidente da Emurb (2002-2004), diretora da FAU Mackenzie (2005-2009), Secretária de Projetos Urbanos em São Bernardo do Campo SP (2009-2010), presidente do Conpresp, diretora do Departamento de Patrimônio Histórico da Prefeitura Municipal de São Paulo (2013-2016), sendo responsável pela organização da Jornada do Patrimônio. Foi professora convidada da Escola de Arquitetura Paris Val de Seine e presidente do CAU Brasil (2021-2023). Autora de *A cidade vertical e o urbanismo modernizador* (Romano Guerra, 2014), entre outros livros e artigos. É professora emérita da Universidade Presbiteriana Mackenzie desde 2003, pesquisadora produtividade CNPq desde 2011 e conselheira do Iphan desde 2024.

ARQUITETURA E URBANISMO: UM PERCURSO COLETIVO
Nadia Somekh

COORDENAÇÃO EDITORIAL
Silvana Romano Santos
Irene Chissa Nagashima

DESIGN GRÁFICO
Alles Blau /
Ana Cecília Souza
Elisa von Randow

PREPARAÇÃO DE TEXTOS
Julio Moreno
Leonardo Echeverria

REVISÃO DE TEXTOS
Isabella M. Borges

ASSISTÊNCIA EDITORIAL
Gabriela Sanovicz
Veridiana Moulatlet de Andrade

FOTOS
Nadia Somekh
Nelson Kon
Pedro Kok

EDIÇÃO
Romano Guerra Editora

APOIO
CNPq Conselho Nacional de Desenvolvimento Científico e Tecnológico
Mackenzie

AGRADECIMENTOS
A todos os companheiros de jornada, citados ou não neste livro

Dados Internacionais de Catalogação na Publicação (CIP)

Somekh, Nadia
Arquitetura e urbanismo : um percurso coletivo / Nadia Somekh. -- São Paulo : Romano Guerra Editora, 2025.

Bibliografia.
ISBN 978-65-87205-35-9

1. Arquitetura 2. Arquitetura - Aspectos sociais
3. Urbanismo 4. Urbanismo - Aspectos sociais
I. Título.

25-291241 CDD-720

Índices para catálogo sistemático:
1. Arquitetura e urbanismo 720

Eliane de Freitas Leite - Bibliotecária - CRB 8/8415

Romano Guerra Editora
Rua General Jardim 645 conj. 31
01223-011 São Paulo SP Brasil
rg@romanoguerra.com.br
romanoguerra.com.br

ISBN 978-65-87205-35-9

Printed in Brazil 2025
Foi feito o depósito legal.

IMPRESSÃO
Ipsis

FONTES
Untitled Serif
Haffer

PAPEL
Offset 120g/m²
Masterblank 270g/m²